시간의 바깥에도

봄은 온다

시간의 바깥에도 봄은 온다

초판 1쇄 발행 2024년 5월 17일

지은이 백인희
펴낸이 장길수
펴낸곳 지식과감성⁰
출판등록 제2012-000081호

교정 김나현
디자인 오정은
편집 오정은
검수 김지원, 이현
마케팅 김윤길, 정은혜

주소 서울시 금천구 벚꽃로298 대륭포스트타워6차 1212호
전화 070-4651-3730~4
팩스 070-4325-7006
이메일 ksbookup@naver.com
홈페이지 www.knsbookup.com

ISBN 979-11-392-1866-4(02810)
값 19,000원

- 이 책의 판권은 지은이에게 있습니다.
- 이 책 내용의 전부 또는 일부를 재사용하려면 반드시 지은이의 서면 동의를 받아야 합니다.
- 잘못된 책은 구입하신 곳에서 바꾸어 드립니다.

지식과감성⁰
홈페이지 바로가기

백인희

시간의 바깥에도
봄은 온다

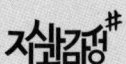

작가의 말

안녕하세요, 『시간의 바깥에도 봄은 온다』의 저자 백인희입니다. 사실 이 책은 외동인 제 딸에게 해 주고 싶었던 말을 담은 편지와도 같습니다. 살면서 딸에게 편지를 써서 종이 박스에 보관했는데, 그렇게 박스 속에 뒤죽박죽 뒹구는 편지들을 보고 '언젠가는 없어질지도 모르겠다'라는 생각이 들었어요. 그래서 책으로 정리하면 조금 더 오래 보관하고 또 보고 싶을 때마다 편하게 보지 않을까 싶어서 쓰게 된 책입니다.

처음엔 줄글로 많은 내용을 담으려고 했는데, 몇 개의 에피소드를 장황하게 적고 나니 글을 줄여서 함축적으로 쓰는 것이 더 낫다는 생각이 들었어요. 힘들 때, 위로받고 싶을 때 읽기 편한 글들이 좋을 것 같아서였죠. 장황하게 쓴 글들을 줄이는 작업에 초점을 두고 글을 적었습니다. 중간중간에 시처럼 쓰인 글들이 많은 것도 이 때문이에요.

우리가 같이 보내는 지금의 시간도, 앞으로의 시간도, 그리고 언젠가 혼자 남게 될 시간에도 힘이 되었으면 하는 마음으로 적었는데, 적다가 보니 꼭 제가 살면서 들었으면 하는 말들이 아닐까 싶더라구요.

덕분에 저도 글을 정리하면서 힘을 많이 받았습니다.
여러분에게도 힘든 날, 조금은 위로가 되길 바라며 이 책을 읽으시는 분들에게 행복과 따뜻함이 깃들기를 바랍니다.
감사합니다.

목차

작가의 말 ··· 4

너의 존재, 그리고 시작

너에게 해 주고 싶은 말 ······························· 16

우리의 겨울에는 ·· 18

너의 존재만으로도 충분한 ···························· 20

새해를 맞이한 너에게 I ······························· 22

새해를 맞이한 너에게 II ······························ 24

시작은 90%의 성공 ···································· 26

회색 지대에 대한 위로를 표하며 ··················· 28

40대, 작가로 살아 보기 ······························· 30

꿈을 간직한 자는 늙지 않는다 ······················ 32

오늘 하루도 수고했어 ································· 34

오늘 너무 행복해 ······································· 36

사계(四季) ·· 38

나무가 되고 숲이 되어 ·· 40
너의 무수한 고민에 대한 나의 대답은 ···························· 42
긴 밤, 어서 낫기를 바라는 편지 ···································· 44
하고 싶은 일이 생겼다 ·· 47
현재를 살자, 현재의 시간에 집중하자 ···························· 49
왜 그런 날 있지 않나 ··· 53
달빛 ··· 56
나의 바운더리 ·· 58
자아 가치, 나를 믿는 힘의 발견 ···································· 62
삶은 퀘스트 그 자체 ··· 65
시작되는 봄, 챙겨 봐야 할 것들 ··································· 67

평범함 속의 특별함

삶의 밸런스를 맞춘다는 건 ······················· 70

채움과 비움에 대해 묻는다면 ····················· 72

니트의 계절이 돌아왔다 ··························· 74

I gotta get some air ······························ 76

그래도 힘이 나지 않으면 ·························· 78

도서관에서 보물찾기 ······························ 80

10분이 주는 여유를 즐기자 ······················· 82

실패를 걱정하는 나에 대한 작은 복수, 성공 ······ 84

당신과 나의, 우리의 바쁜 하루에는 I ············· 86

당신과 나의, 우리의 바쁜 하루에는 II ············ 88

당신과 나의, 우리의 바쁜 하루에는 III ··········· 90

그런 날, 오늘 ····································· 92

치킨이 돌아왔다닭, 꼬꼬꼬 ······ 94

산책로의 나무 의자처럼 ······ 97

빛을 삼킨 빛의 공간에서 ······ 99

밤하늘의 트럼펫 ······ 101

너에게 늘 하는 말 ······ 103

인생은 숙제로 가득하지 ······ 105

당신의 시간은 안녕하신가요? ······ 107

힘이 날 수 있는 일을 해 보자 ······ 110

내가 아직 비우지 못한 것, 음식 욕심 ······ 112

별을 품어 보는 시간 ······ 114

복숭아와 덤, 사과 한 알 ······ 116

뜨거운 여름, 챙겨 봐야 할 것들 ······ 119

내면의 소리에 귀 기울이기, 하루에 한 뼘씩 단단해지기

우리가 이 길에 서 있는 이유	122
9월 저자 판매 대금	124
경제적 자유를 위해 돈을 공부하라	126
남들의 시선에서 자유로워지기	129
새해, 우리 가족의 소원은	131
남의 집 아이 크는 속도와 남의 집 아들 군대 전역은…	133
감당할 만한 시련이 어디 있겠어요	135
2024년 재정 운영 방안, 그리고 소통	137
인사는 네가 어떤 사람인지 알 수 있는 척도가 된다	139
친구	142
덕질이 주는 힘	144
당연한 일상을 당연하게 살아 내는 것	147

우리가 새로운 자극, 새로운 경험을 찾게 되는 이유 …· 151

지키고 싶은 것이 있다면 우선 건강부터 챙길 것 ……… 153

봄, 따뜻한 사람 ………………………………………… 155

당신 덕분에 괜찮다고 나의 어둠은 ………………… 157

가시연꽃 ………………………………………………… 159

나에 대한 최소한의 예의 ……………………………… 161

공정 무역 ………………………………………………… 163

비 오는 수요일 ………………………………………… 165

사람이라 슬퍼했다 ……………………………………… 167

완벽한 인간은 세상 어디에도 없다 ………………… 169

한결같은 믿음, 함께하는 일상 ……………………… 172

구름 한 점 없는 높은 가을에 챙겨 봐야 할 것들 ……… 175

우리가 같이 보내는 이 시간,
이별도 연습이 필요해

만남, 그리고 이별 ················· 178

붉은 노을빛의 그리움 ················· 180

내가 살아온 시간에 뿌려진 수많은 꽃들은 ········· 182

마음의 잔들이 채워지고 비워지고 ············· 186

너는 나에게 그런 사람 ················· 189

배롱나무의 꽃 ···················· 191

하루의 끝 쌀로 만든 빵 ················· 193

2024년, 나와 너의 뮤직 플레이 리스트 ·········· 196

조조영화, 그리고 이 세상의 좋은 일은 ··········· 199

오래된 나의 회색 운동화에게 ··············· 202

뒤엉킨 실을 자르는 방법 ················ 204

인생에서 중요한 것 ··················· 208

달 토끼의 꿈 ································ 211

세월이 우리를 슬프게 할지라도 ···················· 213

우리가 있었던 송광사에서 ························· 215

엉덩이가 쉬는 시간 ······························· 221

60대에 하고 싶은 일 ····························· 224

마음의 온도 ····································· 234

멈추면 보이는 것들 ······························· 236

시간의 바깥에도 봄은 온다 ························ 239

매화인 줄 알았는데 벚꽃이었지 ···················· 243

그 봄, 우리의 성수동은 ··························· 246

반짝이는 불빛, 시린 겨울에 챙겨 봐야 할 것들 ········ 249

에필로그 - 3월 32일에 쓴 편지 ···················· 250

너의 존재,
그리고 시작

너에게 해 주고 싶은 말

아침잠을 깨기 위해 기지개 켜는 모습

밤사이 더 자란 것 같은 팔 다리

눈꼽을 떼는 배개 자국이 있는 뽀얀 얼굴, 부스스한 머리

아침밥을 먹는 조그마한 입

조잘조잘 참새의 노래 같은 낮고 작은 목소리

새벽이 아침을 열듯 우리 집의 아침을 깨우는 너에게

오늘도 예쁘다. 사랑스럽다.

*

나에겐 이 세상에서 단 하나밖에 없는

최고의 보물인 너에게.

우리의 겨울에는

내 딸 서영아, 오늘도 안녕?
너의 계절은 지금 어디쯤 와 있을까?

앞으로 살아가면서 오늘처럼 인생의 어려운 수학 문제들을 많이 만날지 몰라.

엄마는 어려운 때가 와도 네가 웃으며 할 수 있다는 마음을 가지고 이겨 내길 진심으로 바란다.

*

많이 울어 눈이 퉁퉁 부어 잠이 든 너의 얼굴을 보며

머리카락을 쓰다듬었다.

노력은 널 배신하지 않는다.

간절함이 있다면 부단히 노력하며 살길 바란다.

너의 존재만으로도 충분한

평생 살면서 가장 잘한 일을 꼽으라면

난, 無에서 有를 창조했던

너를 낳은 일이라고 자신 있게 말할 수 있어.

*

넌, 살아 있는 그 존재만으로도

세상에서 가장 소중하고 빛나는 사람이야.

살아가다가 자괴감으로 가득 찬 힘든 날을 맞이할 때

넌 소중한 사람이라고 꼭 기억해 줬으면 해.

새해를 맞이한 너에게 I

내 딸 서영아, 오늘도 안녕?

새해가 밝았어. 지금은 몇 년도일까?

엄마가 너와 같은 시간을 살아가고 있다면 당연히 챙겨줄 텐데 엄마는 지금 너와 행복한 시간을 보내고 있음에도 불구하고 '내가 부재일 때'의 너를 걱정하게 된다.

*

매년 1월 1일 아침.

따뜻하게 갓 지은 밥 또는 떡국을 끓여 먹도록 하렴.

너의 새해 첫 시작은 항상

든든하게 속부터 채우길 바란다.

새해를 맞이한 너에게 II

너를 위한 인생을 살아.
너를 위한 1월 1일을 보내고
다시 시작되는 일 년의 시간을 계획하고
차분하게 보냈으면 해.

네 삶에 항상 기분 좋고 설레는
1월 1일이 되길 바라며.

*

12월 31일.
냉장고 청소, 크리스마스트리,
책상과 서재 정리도 하고,
정리된 상태에서
새로운 1월 1일을 맞이하길 바란다.

시작은 90%의 성공

가슴이 뛰고 밤을 새워도 피곤하지 않고 즐거운 일.
그런 일을 네가 찾았으면 해.

언제든. 20대, 30대, 40대, 50대에도, 60대에도.

*

너에게 편지를 쓰며

두 번째 나의 책을 세상에 알리는 그날을 생각하며

난, 또 다른 시작에 서 있다.

회색 지대에 대한 위로를 표하며

가끔 택시를 탈 때, 기사님의 악의 없는 끊임없는 질문에

"내 말이 무조건 맞다"라는 흑백 논리성 공격을 당하기도 해.

"You know what, I think you're right."

*
한여름 날,

초겨울같이 서늘한 택시의 에어컨 공기 속에

수많은 공격으로

머리에 땀이 삐질삐질 났던 날을 기억하며.

-

40대, 작가로 살아 보기

내 딸 서영아, 오늘도 안녕?
너의 시간은 어디쯤이니?

엄마는 2024년의 봄이 시작되는
어느 3월에 서 있다.

책을 출간한 사람들의 이야기를 들어 보면
이 세상의 사람들은 2가지 유형의 사람으로 나뉜다고 했어.

1. 내 책을 읽은 사람
2. 내 책을 안 읽은 사람

출간과 동시에 대중의 많은 관심을 받을 수 있을 것이라
기대하지만 현실은 녹록지 않아.

다행히 40살이 되기 전, 엄마의 버킷은 달성되었어.
그리고 나에겐 새로운 버킷 리스트가 생겼다.

*

나의 40대는 작가로 한번 살아 보기로.

꿈을 간직한 자는 늙지 않는다

꿈.
이미 너의 삶에서
오래전에 이루었어야 할 과거의 이야기.

이제는 실현하기엔 너무 먼 이야기라고 생각하며 살고 있지 않니?

그럴 때 '나이브 아트' 계열 화가분들의 그림을 찾아보렴.
내 마음속의 꿈의 크기는 나이와 비례하지 않는다는 걸 알 수 있단다.

*

내가 좋아하는 것.

내가 하고 싶은 무언가를 위해 난 지금 무엇을 하는가?

오늘의 나는

내일의 내가 된다는 것을 잊지 말기를 바란다.

오늘 하루도 수고했어

무엇 하나 쉬운 것 없는 하루지만
오늘도 수고했어.

잘하고 있어. 괜찮아.
엄마가 항상 지켜보고 있으니 힘내.

*

전쟁 같은 하루를 보내고 집에 들어온 날.

옷도, 화장도 그대로인 채 바닥에 누워 버린 너에게.

피곤하지? 고생했어. 토닥토닥.

오늘 너무 행복해

"오늘 너무 행복해."

너의 말에 나도 행복해졌다.

늘, 오늘이 생일인 것처럼 신나게 하루를 보냈으면.

*

어느 추운 12월. 9살의 생일날.

친구들에게 생일이라고 자랑도 하고

집에 와서 깔깔대며 웃고 신난 너를 보며

앞으로 마주할 너의 생일에

항상 신나고 행복한 순간이 함께하길 바라며….

사계(四季)

노랗게 핀 낮은 꽃들의 홀씨가 날린다.

긴긴해가 지루해지고 뙤약볕에 잠비를 기다린다.

빨간 날개가 하늘을 수놓고 따뜻한 공기와
시원한 바람에 잠시 멈춘다.

뜨거운 커피 한잔에 시린 손이 다습다.

*
봄, 여름, 가을, 겨울

네가 맞이하는 계절이 항상 따뜻함으로 가득하기를.

나무가 되고 숲이 되어

내 딸 서영아, 오늘도 안녕?
너의 계절은 어디쯤이니?
엄마는 가을과 겨울 그 사이에 서 있다.

우리가 주말마다 가던 절에 누군가 나무 밑동에 다른
소나무 묘목을 심은 것을 넌 보았을까?

신기하게도 소나무 묘목은 뿌리를 내리기 시작했다.
줄기는 두꺼워지고 키가 커지고 잎은 푸름에 이르렀어.
그들은 그렇게 서로에게 나무가 되고 숲이 되어 주었다.

*

'뿌리 깊은 나무 가뭄 안 탄다'라는 속담이 있다.

뿌리를 내려 커 가는 소나무처럼

너의 삶도 곧게 넓게 뿌리를 내려

어려움에도 많이 흔들리지 않도록 강해지길 바란다.

너의 무수한 고민에 대한 나의 대답은

살아가는 동안 고민 없는 삶
과연 있는 걸까?

학교 다닐 땐 취업의 고민으로,
친구와의 관계에 대한 불안으로,
취직해서는 회사의 정치 싸움에, 눈치에,
퇴사에 대한 고민으로,
결혼하는 사람을 만나 가정을 이루는 고민으로,
아이를 낳는 것에 대한 두려움으로,
사람과 사람 사이의 관계에 대한 고민으로.

죽지 않고 살아 있는 한,
인간은 생각하고 고민하는 동물인 것을.

*

같은 반 친구와의 약속이 취소됨에 따른 서운함을

쿨하게 괜찮다고 말하는 널 보며

대견하다는 생각이 들었다.

긴 밤, 어서 낫기를 바라는 편지

내 딸 서영아, 오늘도 안녕?

엄마는 너의 얼굴만 봐도 '오늘은 무리하면 안 되겠구나'
라는 걸 알아. 그래서 하교 후 집에서 쉬게 했는데,
역시나 저녁 8시부터 미열이 오른다.

열이란 놈은 한번 얼굴을 보이면 끝장을 보는데 40.1도
정도를 찍고 나면 꼬리를 감추곤 해.

"엄마, 왜 아프면 열이 나는 거야?"
"네 몸에 착한 아이들이 나쁜 바이러스와 싸우느라 그래,
우리도 싸우고 화내면 덥고 열이 뻗치잖아. 그래서 열이
나는 것 같아."

"그래?"라며 씨익 웃는 너. 웃고 있지만 몸은 바람이 10% 정도 빠진 풍선 인형처럼 힘이 없다.

항상 고열을 찍고 내려오는 너라서, 어중간한 열은 해열제를 주지 않는다. 대신 38.5도부터는 꼭 해열제를 먹인다.
해열제를 먹이고 물도 먹이고, 그래도 발을 만져 보니 차갑다.

밤새 더 아프지 않아야 할 텐데 교차 복용 가능한 해열제를 사 오라고 남편을 약국에 보냈다. 해열제 효과가 없으면 응급실 해열 주사가 제일 좋은데….

밤이 길 예정이다. 해열제 한 방에 다 낫기를….

*

코로나가 3년 휩쓸고 지나간 후, 마스크를 벗고 나서
다양한 바이러스 공격에 한두 번 크게 아픈 적이 있었다.
언제부터 이렇게 바이러스에 온 신경이 곤두서는 날들이
시작되었을까?

매일 아침 미지근한 물 한 잔과 유산소 운동을 하고
몸의 면역력을 유지하는 네가 되길 바라며.

하고 싶은 일이 생겼다

40대에 60대의 인생을 설계하고
20년 동안 열심히 행복하게 사는 것이
나의 오늘이 살아 있음을 느끼게 한다.

오늘만 보고 살면 오늘만 보인다.

미래의 네 모습, 네가 서 있는 자리를
생각하며 살길 바라며.

*
하고 싶은 일을 찾는 건
나이와 상관없이 엄청난 에너지를 발산하는 일이다.
난, 내가 쓴 책처럼 60대에 하고 싶은 일이 생겼다.

현재를 살자, 현재의 시간에 집중하자

"예전이 좋았는데, 그때가 그립다."
이런 말과 생각을 안 한 지 수년은 넘은 것 같아.
언제부턴가 과거의 추억을 회상하며 그 시간과 기억에 사로잡혀 현재의 나를 보지 않는 것이, 게다가 지금의 상황에 대한 한탄까지 보탠다는 것이 무의미하고, 나의 미래에 아무런 도움이 되지 않는다는 것을 알았기 때문이지.

물론 즐거웠던 여행, 어떤 이들과의 식사, 경험 등 좋은 기억을 리마인드 하는 것은 잠시나마 입가에 웃음을 띠게 하지.
하지만 지나친 과거에 대한 회상과 그 시간에 잡혀 있는 건 독이 됨을 알아야 해.
그것은 나만의 기억, 추억이며 그 순간에 같이 있었던 파트너는 이제 기억조차 하지 못하는 그런 순간일 수 있으니까.

현재가 불행하다고 느끼는 순간, 과거로 돌아가는 인간의 본능 때문일까. 인간은 무료하고 순탄한 일상 속에서는 그 단조로움과 평화로움에 행복이 숨어 있다는 것을 인지하지 못해.
자신의 몸이 아프거나, 어려운 상황이 닥쳤을 때 불행하다고 생각하고 과거로 돌아가는 순간을 경험하게 되지.

그런 시간의 역행의 순간에 내가 서 있다고 느껴질 때, 너무 많은 시간을 그곳에서 보내지 말고 즉시 현재로 돌아올 나만의 방법을 생각해 두는 것도 좋은 방법이다.

제일 빠르게 현재로 돌아오는 방법을 추천하자면 몸을 움직이는 행위가 제일 효과적이야. 산책, 달리기, 청소하기, 운동을 하는 행위들이 그런 옛 기억을 소환하며 우울해지는 기분까지 조금은 날려 버릴 수 있다.

"과거의 행복에 매달리지 말고,
미래의 행복을 미루지 마라."

*

나와 나의 소중한 이들이
우리의 오늘을 잘 살아 내고
내일을 위해 오늘을 생각하는
그런 시간을 마주하길 바라며.

현재를 살자.
현재의 시간에 집중하자.

왜 그런 날 있지 않나

아침에 눈을 떴지만 저녁처럼 피곤하고 잠이 안 깰 때.
오늘이 그런 날이었다. 회사에 출근해서도 정신이 선명하지 않고 오전에 커피를 마셔도 멍한 날.
특별히 아픈 곳은 없지만 몸과 기분이 가라앉는 날.

그래도 점심을 먹고 산책을 한 뒤 잠이 조금 달아나는 듯했다. 너의 하교 시간 영상 통화를 걸어 온 네 목소리와 깔깔거림에 무거운 기분이 싹 날아간다.
"엄마, 내가 휴대폰을 어디 놔 두고 찾았는데 세상에! 내 신발 안에 들어가 있는 거야! 왜 그럴까. 웃기지 않아? 엄마, 나 배고파서 편의점에서 뭐 좀 먹고 2분 뒤에 학원 갈게! 사랑해."
얼굴에 반쪽짜리 손 하트를 만들며 통화를 마쳤다. 마치 작은 새가 높은 음으로 지저귀는 소리 같다.

기분이 좋아진다. 그 통화로 오후를 보내고 집으로 왔는데 이번엔 커서 과학자가 되겠단다.

이유를 물어보니, "엄마는 언젠가 늙어서 죽잖아. 난 하루씩 젊어지는 약을 만들 거야. 그럼 엄마가 평생 살 수 있잖아!"라고 한다. 불로장생이 꿈이었던 내 어릴 적이 생각났다. '위로는 이렇게 하는 거야'라고 알려 주는 듯하다.

이렇게 이유도 모르게 처지는 날, 예쁜 말을 담는 네가 고맙다. 아직은 너무나 어린 아이지만 부모를 위로하고 집안에 웃음소리가 끊이지 않도록 분위기를 전환시키는 역할도 하는 우리 딸.

*

가끔은 가족들을 위해 나를 희생한다는 생각도 들지만

오히려 내가 매일 힘을 받고 있는 건 아닐까.

내가 힘을 내도록 에너지를 주는 가족들이 있어

참 다행이란 생각이 드는 저녁이다.

함께 살아간다는 것.

그 시간이 너무 소중한 것임을 늘 잊지 않길 바라며.

달빛

멀리서
내가 가는 길마다 나를 비춰 주고
구름에 가려 얼굴이 보이지 않아도
내 눈길이 따라가지 않아도

아무 대가 없이
어두운 나의 삶을 밝혀 주는
어슴푸레한 달빛

가끔은
직접적인 위로가 섞인 말보다
햇빛을 담아 한 번 걸러 내고 반사해서
나를 비추는 달빛의 속삭임에
더 괜찮아지는 시간이 많아졌다.

*

누군가의 위로보다 네 스스로 위로받고

바로 설 수 있는 시간을 꼭 가지길 바란다.

혼자 있는 시간을 잘 보내는 사람이 건강한 사람이다.

나의 바운더리

내 딸 서영아, 오늘도 안녕?
너의 계절은 어디쯤이니? 엄마는 만 38살의 겨울에 서 있어.

38살의 엄마는 이런 사람이었다. 우리의 기억은 듣고 싶은 것만 듣고 남기고 싶은 것만 마음에 남겨서, 이렇게 엄마의 바운더리를 너에게 보낸다.

난 인간관계가 참으로 협소해. 폰의 연락처를 보면 자주 보는 친구는 2명, 가끔 이벤트가 있어서 카톡이나 전화 연락하는 친구들은 3명, 일 년에 한 번 연락할까 말까 하는 지인들에, 평생 연락 안 할 것 같은 지인들까지.

다행인 건 SNS라는 장치가 있어 늘 어떤 포지션의 지인이라도 그 근황을 알 수 있다는 것인데, 득이 되기도 하고, 아니기도 하고, 가끔 독이 되기도 한다.

그 안에는 정리 규칙이 있어. 첫 번째는 2년 이상 만나서 얼굴을 보지 않으면 카톡에서 삭제, 두 번째는 카톡이나 전화, 문자를 3번 이상 했는데 아무 대답이 없다면 연락처에서 삭제.

그런데, 이렇게 연락처를 삭제하니까 가끔 나에게 서운함을 느끼는 지인들이 속출해서 조금은 그 방법을 바꾸기로 했어. 연락처를 삭제하는 주기를 많이 늘리기로 했고, SNS에서 친구로 된 지인들은 특별한 이벤트가 없는 한 그대로 친구로 두기로 했다.

이렇게 몇 년 지내니 나름 팔로워가 29명까지 늘었어. 나와 나의 환경과 내 가족을 보여 주긴 싫지만 또 보여 주고 싶은 나만의 바운더리.

그 속에 29명이나 있다는 것이 약간은 부담스럽고 잠시 피드를 업로드할 때 멈칫하게 하지만 내 삶의 바운더리에 들어와 있는 소중한 사람이라는 생각도 든다.

인간의 본성은 과시 그 자체로 연결되는 건 아닐까?
경험의 과시, 소비의 과시, 재력의 과시, 정신력의 과시, 친분의 과시, 여유로움의 과시, 시간의 과시, 생존의 과시.

다양한 과시 본능과 그 소유물에 난 "좋아요"를 누르고 댓글을 달고 댓글을 다는 행위와 동시에 친분을 과시하고 그 행위에 또 "좋아요"를 누르고 과시의 무한 반복이라고 해도 과언이 아닌 듯해.

*
오늘도 난, 글이라는 매개체로
나라는 사람과 내가 생각하는 방향에 대해 과시하고자
이 글을 적고 있다.
그리고 너에게 보내는 편지로 담아 본다.

살면서 이렇게 많은 편지를 써 본 적이 있을까 싶다.

자아 가치, 나를 믿는 힘의 발견

"엄만 날 낳았을 때 어땠어? 어떤 기분이 들었어?"
9살의 넌 가끔 자신의 존재 탄생에 대한 나의 감정을 묻곤 했어. 여러 번 답을 해 줬음에도 불구하고 여전히 그 답이 맞는지 확인하려는 듯 물어보곤 했지.

"엄마는 널 낳을 때 너무 아팠는데, 네가 태어나니 너무 행복해서 울었어. 너무 좋더라."
"엄만, 그럼 내가 한 살 때부터 지금까지 어때?"
"엄마는 네가 한 살, 두 살, 세 살, 아홉 살 그리고 지금까지 널 사랑하고 믿어. 그건 앞으로 변함이 없을 거야. 엄마, 아빠는 네가 있어 참 행복하다. 우리 곁에 와 줘서 늘 고마워."

이렇게 믿는다는 말까지 듣고 나면 방긋 웃는 너.

인간은 누구나 인정받고 싶고 확인하고 싶은 욕구가 있다. 그 시작은 부모의 사랑, 관심, 애정 어린 말에서 비롯된다고 생각해. 철부지 같은 아이들도 항상 부모의 사랑을 확인하려 들지.

나도 나이를 먹으니 내 또래 어른들과 말할 때, 나보다 나이 많은 사람, 그리고 아이들과 대화할 때 그 사람의 궁금증, 물어보는 의도를 재빠르게 파악하려 노력한다. 그리고 그 의도를 모른 체하지 않기로 마음먹었어.

듣고 싶은 말을 해 주는 것과는 다르다고 생각해. 나이에 상관없이 말 한마디로 안심이 된다면 말이야. 생각과 가치관이 흔들리지 않고 불안이 감소한다면 말이야.
"엄마는 널 사랑하지, 그리고 믿어. 어서 스스로 숙제하고 씻고 같이 놀자."

*

따뜻한 말 한마디와 방긋 웃는 얼굴에

할 수 있다는 자신감과 응원을 보냈다.

네 존재 자체의 당연함, 당당함, 자아 가치를

발견하길 바란다. 그렇게 몸과 마음과 성장하길 바라.

삶은 퀘스트 그 자체

사회에 첫발을 내딛고 출근했을 때
처음으로 혼자 기차를 타고 여행을 갔을 때
첫 사랑니로 아파하다가 뽑았을 때
비행기 처음 타고 두근두근했을 때
첫 캠핑 의자 구매 후 조립해서 앉았을 때
첫 장거리를 등이 흥건하게 땀 흘리며 혼자 운전했을 때
국밥집에서 처음 혼밥할 때
셀프 주유 처음 할 때
자동차 접촉 사고 처음으로 났을 때

수많은 인생의 퀘스트를 거치고 살아남은 나를 볼 때
내가 하나하나 깼던 퀘스트로 어려워하는 청춘을 볼 때

*

엄마는 네가 20살이 되어

되도록 빨리 독립하길 바란다.

육아의 최종 목적은 자식의 건강한 독립인 것을 알기에,

네 스스로 너에게 주어진 많은 퀘스트를 잘 풀며 때론

고민하고 퀘스트를 푸는 순간의 떨림을 느껴 보길 바란다.

시작되는 봄, 챙겨 봐야 할 것들

공원에서 피는 이름 모를 꽃들 관찰하기

봄비가 부슬부슬 내리는 날 우산 쓰고 산책하기

낡은 신발, 2년 동안 안 신었던 신발 정리하기

소중한 사람들과 사진 찍기

두릅, 냉이, 초벌 부추, 달래 손질해서 먹기

평범함 속의 특별함

삶의 밸런스를 맞춘다는 건

일, 워라밸, 끝이 없는 욕심, 적당한 포기

살면서 우리는 무수한 선택지 중 하나를 선택한다.

그리고 그 길이 아니면 또 다른 길을 선택한다.

우리가 뛸 체력을 만들기 위해 걷기부터 하는 것처럼.

*

채움과 비움의 균형

가끔 달리지만 말고

내가 어디쯤에 서 있는지

뒤돌아보길 바란다.

채움과 비움에 대해 묻는다면

살면서 느끼는 욕심, 이기심, 내 마음의 공허함, 다른 사람에 대한 분노, 질투심, 상대적 박탈감은 저절로 비워지고

나를 존중하는 마음, 이타심, 연민, 애정, 포용력, 사랑 등은 저절로 채워질 수 있다면 얼마나 좋을까?

*

내 딸 서영아,

엄마는 네가 성숙한 인간으로 나이를 먹길 바란다.

니트의 계절이 돌아왔다

안녕, 서영아?
시원하다 못해 서늘한 공기가 말을 거는 아침이야.
엄마는 옷장을 열며 아끼는 니트를 꺼내 입어 본다.
따뜻하고 가볍고 푹신해.

어릴 적 캐시미어 니트에 얼굴을 파묻고 '부들이 옷'이라
부르던 네가 생각난다.

*

따뜻한 니트를 입는 계절

이미 시작된 가을과 다가올 겨울을 즐겨 보도록 하자.

계절의 변화를 느끼며 살았으면 좋겠어.

I gotta get some air

하루를 잘 보냈다가도 문득 찾아드는 허탈감에 너의 평정심이 바닥 끝에 붙어서 일어날 생각을 안 할 때, 아직 배수구 찌꺼기 같은 기분이 남아 있을 때, 그 자리를 버리고 일어서야 해.

*

산책. 그 힘을 엄마는 안다.

시원한 바람을 맞으며 걸어 봐. 뛰어도 좋다.

그렇게 영혼을 좀먹고 너를 갉아먹는 생각을 털어 내.

그래도 힘이 나지 않으면

너라는 사람 안에 우울, 분노, 상실감으로 가득 찬 날이 있다면 시장에 가 보는 것을 추천한다.

가서 야채 가게, 과일 가게, 떡집, 생선 가게, 횟집, 김밥, 어묵, 떡볶이, 순대를 파는 사람들의 얼굴을 보렴.

*

활기차고 북적이는 생동감을 담아서 가지고 오렴.

아무것도 사지 않아도 좋아.

도서관에서 보물찾기

적어도 격주에 한 번은 도서관에 가서 책을 빌려 보렴.
아무 생각 없이 손에 쥔 책이 네 인생의 보물이 될지 모른다.
어른이 되어서도 할 수 있는 공식적이고 도덕적인 보물찾기가 아닐까?

*

엄마는 도서관에서 책을 빌릴 때

지은이의 화려한 이력이나

책 뒷면에 높으신 인사들이

책에 대한 평가를 한 글들을

보지 않으려고 노력해.

진정한 보물을 찾기 위해.

10분이 주는 여유를 즐기자

내 딸 서영아, 오늘도 안녕?

넌 지금 어떤 장소에서 어떤 시간을 보내고 있을까?
바쁜 현대인처럼 회사에서 하루를 보내고 있을까?
아니면 결혼하고 아이를 낳고 워킹 맘으로 살고 있을까?
그것도 아니면 카페에서 커피 한잔하며 글을 노트북에 쓰고 지우고 반복하는 작가로 살고 있을까?
동물을 치료하는 수의사로 살고 있을까?

네가 어디에서 어떤 일을 하든 '10분 일찍'을 항상 생각하며 움직이면 좋겠구나. 10분 일찍이 주는 여유는 네 하루를 바꿔 놓고 바뀐 너의 하루는 네 일 년을 성장시킨다.

*

스스로 너의 시간을 챙겨 볼 수 있는 사람이 되길 바라며.

실패를 걱정하는 나에 대한 작은 복수, 성공

처음부터 아무런 목표를 가지지 않는다면 실패도 없을 것이다.

성공이 아닌 실패를 자초하는 삶이라면 실패로 인해 좌절하는 일도, 내가 투자할 돈과 시간에 대한 걱정도 없을 테니까.

*
미래에 대해 막연히 걱정하고
지금 현실에 안주하는 것을 목표로 하는 건
내가 세운 목표의 작은 성공이다.

실패를 걱정하며 실패를 달성하는 삶을 살지 말길 바라며.

당신과 나의, 우리의 바쁜 하루에는 I

우리의 하루, 내 손바닥만 한 한쪽 어깨엔 근심, 걱정, 사람과의 관계, 일에 대한 부담감, 우울함, 금전적인 걱정을 짊어지고

다른 한쪽 어깨엔 맛있는 식사, 산책, 너무 기다렸던 택배 상자, 커피 한 잔, 퇴근 후 기분 좋은 생각, 땀나서 개운한 운동 등을 짊어지고 있다.

*

네 작은 어깨에 그렇게 많은 짐들이….

너무 무거우면 잠시 내려놓고 쉬었다 가길 바란다.

당신과 나의, 우리의 바쁜 하루에는 II

내가 보낸 오늘의 하루처럼 굳이 말하지 않아도 바쁘고 치열했던 너의 하루.

그 속에서 우린 각자의 어깨에 우리보다 무거운 공들을 여럿 올리고 그 공들 중 어느 하나라도 내 삶에서 튕겨 나가지 않게 저글링하고 있는지도 모른다.

*
때론 그 공의 무게가 너무 무거워
타인에게 상처 주는 말로 던지기도 하지.

하지만 이내 후회하고 주워 담고 어루만져 주고.

당신과 나의, 우리의 바쁜 하루에는 III

저글링하다가 행복한 공을 추가해서 서로 돕고 축하하고 칭찬해 주고 내일을 같이 걱정해 주고 응원하고.

*

나이를 먹어 갈수록

너의 바쁜 하루에

누군가를 챙겨 줄 마음이 있다면

응원할 수 있다면

그것만으로 차고 넘치는 삶이 아닐까 생각해 본다.

그런 날, 오늘

아무것도 안 하고 싶은 날
운전하지 않고 뒷좌석에 앉고 싶은 날
눈을 뜰 때 쌍꺼풀이 눈썹에 붙을 것 같은 날
폰, TV, 책, 그 무엇도 보지 않고 눈과 함께 쉬고 싶은 날

하고 싶은 것이 휴식인 그런 날, 오늘

*

이런 생각이 드는 날에는

집에서 바닥과 물아일체가 되었다가

배달 음식이나, 냉동식품을 간단히 먹고

따뜻한 커피 한잔에 위로받는

시간을 가지길 바란다.

치킨이 돌아왔다닭, 꼬꼬꼬

가끔 놀라운 언어들로, 말로 나를 놀라게 하는 너에게.

내 딸 서영아, 오늘도 안녕?
우린 2024년 1월을 보내고 있다.

"엄마, 요즘 고민이 뭐야? 살면서 제일 힘들었던 적은 언제였어?"
"엄마, 라떼는 말이야, 내가 6살 때는 말이야."
"엄마, 난 그럴싸야, 인싸와 아싸 그 중간."
"나무 지게? 나 그거 알아, 나무 옮길 때 등에 쌓는 가방 같은 거?"

듣고 나면 어안이 벙벙해지는 그런 말들을 그때그때 기록해 두면 좋으련만, 기억은 참 스치는 바람 같다. 시원하고 기분 좋은 느낌만 어렴풋이 남아. 그래도 오늘은 네가 했던 재밌는 말을 적어 본다.

"엄마, 닭의 느낌이 아주 강한 문장이 뭔지 알아?"
"뭔데? 말해 봐."
"치킨이 돌아왔다닭, 꼬꼬꼬. 내가 방금 생각해 낸 말이야. 웃기지?"

*
가끔 난,
네가 언어적으로 뛰어난 게 아닐까 하는 생각이 든다.
'남의 자식 고운 데 없고 내 자식 미운 데 없다'
오늘은 이런 속담이 생각나는 밤이다.
치킨이 돌아왔다닭, 꼬꼬꼬.

산책로의 나무 의자처럼

흙먼지로 뿌옇게 샤워를 하고
가끔, 꽃잎들로 한껏 꾸미고
누군가 머무른 쓰레기의 흔적을 더하고
홀로 잠시 쉬어 가는 적막함에 친절을 표하는 그 모습이
왜 그렇게 마음이 쓰이는 걸까?

난 감히 앉지도 않고
누군가가 앉아서 쉬는 모습에 안도하며

잠시 쉬었다 가라는 너의 친절에 주춤하고
한참을 쳐다보다가 마음을 쓰다가
다시 길을 간다.

세 걸음 떨어진 자리에서

그저 바라보기만 한다.

복잡한 생각들로 가득 찬 날에 걸으면

엉켜 있던 생각들은 날아가고

평소에 마음을 쓰지 않던 것들이

눈에 들어온다.

빛을 삼킨 빛의 공간에서

고즈넉한 산사의 둘레길에서
처음 마주한 너와 나는
초라한 나의 하루들을 위로해 주는 온기에
서로 꼭 안아 주는 것 같은 눈빛에
아무 말 없이
우리의 시간을 서로 바라보곤 했다.

어둠이 나를 삼키고 내가 나를 삼켜
켜켜이 묶어 보잘것없는 내 하루에
무거운 발걸음 한걸음 보란 듯 떼어 내고
그 무게를 털어 버리라는 듯
희미한 빛으로 답해 주곤 했다.

*

우주의 먼지처럼 내가 작게 느껴질 때,

햇빛이 내리쬐는 날,

평소에 보지 못했던 수많은 먼지들이

눈에 보이면서

내가 인간이 아닌 먼지처럼 느껴질 때가 있었다.

소파에 누워 있지만 왠지 방 모퉁이에

내 몸과 생각이 구겨진 느낌이 드는 날

빛을 삼킨 또 다른 빛의 공간에서

존재하는 나를 찾아 보기를.

밤하늘의 트럼펫

늦여름 밤, 적막과 침묵을 깨고
'뚜우우우' 하는 소리가 길에 울려 퍼졌다.

트럼펫 악보 받침을 한 어느 중년의 신사는
길 한가운데 서서 밤하늘의 별들에게
트럼펫 연주를 선물했다.

나의 걸음 멈추어 돌아보면 그 소리는 사라지고
다시 길을 걸으면 울려 퍼지는, 별들에게 주는 선물일 뿐.

하늘로 울려 퍼지는 묵직한 소리에 박수 치고 올 것을.

*

무심코 지나온 내 모습이, 주저한 내 생각이

흩어지고 멀어진 트럼펫 소리 같아서 아쉽다.

너에게 늘 하는 말

I was really impressed.
정말 감동적이었어.

I believe in you ability to come out ahead.
결국 잘 해낼 거라 믿어.

This too shall pass.
이 또한 지나가리라.

You're almost there.
거의 다 왔어.

I believe in you.
난 너의 능력을 믿어, 할 수 있을 거라 믿어.

*

난 늘, 너에게 이런 말로 응원해 주었다.

잘 해낼 거야, 엄마는 항상 너를 믿는다.

인생은 숙제로 가득하지

내 딸 서영아, 오늘도 안녕?
넌 지금 어느 계절에 서 있니?
우린 지금 2023년 어느 겨울에 서 있다.
저녁을 먹고 수학 숙제를 하는 네가 툭 던진 말.
"엄마, 최선을 다해 풀었는데 틀릴 때도 있어."
가끔 이렇게 자기방어적인 어른스러운 말을 할 때 놀라긴 한다. 살다 보면 최선을 다했지만 안 되는 일도 분명 있다.
그 과정에서 내가 열심히 노력한 기억이 있다면 그것으로 충분하지. 조금 아쉽긴 해도.

커 가면서 인생의 복잡함을 조금씩 맛보는 너에게 난 늘 응원의 말과 공감을 해 줄 뿐….
"맞아, 틀릴 수 있어. 그래도 왜 틀렸는지 생각해 보자."

*

마음이 답답하고 걱정되는 일들이

눈앞에 있다면

아무 생각 없이 빨리 마무리하길 바란다.

너무 많은 시간을 걱정과 고민의 늪에서

허우적대지 않기를.

당신의 시간은 안녕하신가요?

일주일에 2시간.

집이 아닌 카페에서 혼자 독서하는 시간을 꼭 확보하기 위해 노력하는 나. 집에서 책을 읽으면 편하고 좋은데 꼭 책에 집중할 수 없는 상황이 생긴다.

예를 들면 세탁기의 빨래가 종료되어 건조기에 넣으러 가거나 청소기를 돌리거나 소파의 물건들을 정리하고 테이블을 치운다거나.

온전하게 책에 집중할 수 없는 성격임을 알고 집이 아닌 카페로 도망치듯 나와 나의 독서 시간을 강제로 확보하는 것이다.

수요일 오후 1시간, 토요일 오전 1시간.

나만의 시간을 확보한다는 것.
누구에게도 간섭받지 않고 가만히 앉아서 뭔가 생각하고 생각을 정리하고 글을 볼 수 있는 시간.

사실 이 시간에 창의적인 생각들이 머릿속에 마구 떠오른다. 글감을 찾아야 하는 부담감, 일정에 대한 긴장감을 잠시 놓아두는 이 시간이 아이러니하게도 어떤 일의 영감을 주는 시간인 셈이다.

*

내 딸 서영아,

인간에겐 '쉼, 휴식'이 꼭 필요해.

어떤 방법이라도 좋다.

혼자 독서하며 차 한잔하는 시간을 즐기며

머리를 식히고 충전하는 시간을 갖길 바란다.

힘이 날 수 있는 일을 해 보자

나만 왜 이렇게 사는 걸까?
저 사람은 말을 왜 저렇게 하는 걸까?
난 왜 이러지 되는 일이 없네.
오늘은 날씨까지 우중충해.
입맛도 없어.
일은 언제 바빠질까?
이번에 또 시험에서 탈락했어.
다른 친구들은 다 화려하게 사는구나.
난 아직 집도 안 사고 뭐 했을까?
이 기분이 도저히 나아지지 않아.

*
힘이 날 수 있는 일을 해 보자.

너 뭐 하는 거 좋아해?

내가 아직 비우지 못한 것, 음식 욕심

내 딸 서영아, 오늘도 안녕?
우리는 지금 활새우가 제철인 계절에 서 있다.

엄마는 나이가 들면서 소화 능력이 많이 약해지는 것 같아. 음식에 대한 욕심을 버려야 하는데 가끔 그게 잘 안 돼. 오늘도 한 달 내내 먹고 싶어서 벼르고 있던 새우 요리를 했는데 말이야. 멍청하게 또 많이 먹고 소화제를 찾고 있어.

다행히 속이 울렁거리고 두통만 오는 상태라 소화제로 가능했다. 엄마는 불로장생이 꿈인데, 고작 음식에 대한 욕심으로 기대 수명과 건강 수명의 갭을 키우면 안 되니까.

오늘 밤도 소화제와 함께 열심히 일하는 나의 위에게 너무나 미안한 마음이 든다.

*

음식을 먹을 땐 꼭꼭 씹어 먹고,

밥은 최소 20분 동안

천천히 먹도록 하렴.

음식물을 잘게 부수어

위에 무리가 가지 않게 하고,

야식은 지양하도록 해.

별을 품어 보는 시간

나지막이 귓가에 속삭이는 이 공기가
음악 하나 흐르지 않고 고요한 이 적막이
생각을 흐르게 하고 無에서 有를 만드는
나의 시간이 되었다.

자리 구석구석 차지한 초록이, 그 살아 있음이 쉴 새 없이
흐르는 나의 시간 속에 놓였음을 알기에.

오늘도 난 생각하고 또 생각하고
여기저기 생각의 덩어리를 굴려 본다.

*

엄마는 불금보다는

'오늘 또 신나게 새벽까지 글을 적고

내일 늦잠 자야지'라는 생각으로

금요일 아침을 맞이하고 있다.

금요일 저녁엔 약속을 잡는 일은 거의 없어.

체력을 비축하고 아껴서

새벽을 불태우고 글을 적으며

힐링하는 시간을 가져야 하거든.

혼자 여유롭게 생각할 시간이 있다는 것.

나의 낮보다 새벽이 아름다운 이유.

복숭아와 덤, 사과 한 알

"어? 복숭아가 하나밖에 없네. 시장 가서 사자."
과일을 꼭 챙겨 먹는 네 아빠와 네 덕분에 우리 집은 항상 과일이 동나기 전에 제철 과일을 쟁여 놓는 편인데, 며칠 바빴더니 냉장고 속 과일 칸이 휑하다.

집에서 시장까지는 지척이라 서둘러 저녁밥을 먹고 과일 가게로 향했다. 복숭아 4개에 이만 원.
내 기억으론 작년 여름에 똑같은 종의 복숭아가 4개에 만 원이었는데, 일 년 만에 물가가 100% 오른 것일까.

한 알에 오천 원인 복숭아는 우리 식구 한 입에 한 알씩, 이틀이면 없어진다고 생각하니 2초 정도 주저하게 된다.

그 생각과 눈빛을 읽었는지 과일 가게 사장님은 "사과 한 알 덤으로 넣었습니다."라고 재빠르게 봉지에 담아서 손에 쥐여 주신다. 만원 두 장을 펴서 드리고 집으로 돌아오는 길.

내일 아침에 먹을 덤으로 받은 사과 한 알에 기분이 좋아진다. 그리고 덤이란 말을 곱씹어 생각하게 된다.

'덤.
제 값어치 외에 조금 더 얹어 주는 일 또는 그런 물건.'

살까 말까 고민하는 내 생각의 틈을 메꿔 준 덤, 사과 한 알. 그리고 내일 나의 위장을 채워 줄 사과 한 알.

덤이라는 건 어쩌면 앞으로도 계속될 물가 상승률과 나의 주저함과 과일 가게 사장님의 인정을 모두 뜻하는 말이 아닐까 싶다.

*

비싸도 과일을 꼭 챙겨 먹도록 해.

계절에 따른 제철 과일을 꼭 먹고.

빵이나 케이크, 과자보다 비타민이 풍부하고,

자연 상태의 섬유질이 많은 과일을 꼭 섭취하길 바란다.

뜨거운 여름, 챙겨 봐야 할 것들

덥다고 얼음 커피 많이 마시지 않기

사계절 내내, 특히 여름엔 얼굴에 선크림 자주 바르기

속까지 시원한 어탕국수 꼭 먹기

실내 에어컨의 낮은 온도로 감기에 걸릴지 모르니
꼭 외출할 때 얇은 카디건 챙기기

라면은 일주일에 한 번만 먹도록 노력하기

엄마, 아빠에게 소고기 먹으러 가자고 전화하기

내면의 소리에 귀 기울이기,
하루에 한 뼘씩 단단해지기

우리가 이 길에 서 있는 이유

내 딸 서영아, 오늘도 안녕?
너의 계절은 어디쯤일까?

예전에 말이야, 9살의 너와 내가 길을 걸을 때 호기심 많은 너는 무엇인가 눈으로 담기 위해 쉬었다 가는 일이 많았어.
아무리 내가 무거운 가방을 들고 있어도
넌 길에서 산책하는 강아지를 한참 보고,
길고양이가 밥을 먹는 모습을 20분 동안 보고
난 그런 널 기다리며 보고.

인간의 시계는 참으로 영리해.

*

엄마는 말이야,

이제 나와 내 주변인의 시계를 챙겨 보는 시간,

그리고 나를 위해 쉬었다 가는 일이 많아졌다.

9월 저자 판매 대금

2023년 9월 8일.
『너라는 별에 행복을 줄게』 도서의 출간일.

10월 16일.
월급, 투자 대금이 아닌 내 이름이 적힌 책에 대한 인세를
처음으로 마주했다.
아직 내 책이 있는지도 모르는 사람들이 훨씬 많고 그래
도 첫 달에 이 정도 팔린 것이 대단하다고 느껴져서,
또 버킷리스트 달성에 따른 부가 가치까지 생긴 것 같아
행복한 하루를 보냈다.
너의 이름을 글 '서'에 빛날 '영'으로 지어서 그런 걸까?
벌써 너만의 책을 내고 싶다는 너에게 꼭 해 줄 말이 있어.

*

책을 준비하는 과정에선 누구나 베스트셀러를 꿈꾼다.
하지만 막상 출간해 보면 출판 업계의
시린 얼음판 위를 종종걸음으로 걷는 듯해.
그래도 작가가 되고 싶다면 부단히,
매일 글을 쓰길 바란다.
글은 쓸수록 느니까.
넌 분명 잘할 거라고 믿어.

경제적 자유를 위해 돈을 공부하라

돈과 친해지길 바란다.
엄마, 아빠는 네가 어릴 적부터 경제, 주식, 부동산에 자연스럽게 눈을 뜰 수 있도록 노력했어.

서울에 30억이 넘는 아파트를 너와 같이 임장다녔고, 경제나 투자 서적을 방에 쌓아 두고 읽었으며 앞으로도 가능한 한 최대의 레버리지로 투자 수익을 극대화하기 위해 평생 노력할 거야.

나와 네 아빠는 8천만 원 전셋집에서 인생의 2막을 시작했고 열심히 재테크 공부를 한 덕분에 40대에는 재정적인 변화를 느낄 것 같구나.

대출을 두려워해서는 안 된다.

대출은 너의 신용을 바탕으로 합법적으로 너에게 돈을 빌려주는 합리적인 제도야.
결코 돈에 대한 부정적 시각은 가지지 말길 바란다.

*

인간의 수명이 100살이 넘는다고 가정했을 때

평생을 직장에서 일할 수 있을까?

퇴직금으로 평생 살아갈 수 있을까?

가만히 있어도 월급처럼 "돈"이 들어오도록

자산을 구축해야 한다.

45세 전까지 돈이 들어올 수 있는

파이프라인을 꼭 세팅하길 바라며.

남들의 시선에서 자유로워지기

38살 엄마는 말이야.
이 나이가 되니 명품, 새 가방, 유행을 따라가는 옷보다 매끈한 피부, 깔끔한 머릿결, 원단이 좋은 클래식한 옷들이 눈에 들어오기 시작했어.

남들은 생각보다 '나'에 대해 내가 무슨 옷을 입고, 어떤 가방을 들고, 명품 신발을 신는지에 크게 관심이 없단다.

'너'를 위해 시간을 보내고 너 자신을 위해 마음과 지식을 채워 가는 하루를 살길 바란다.

*
TPO(Time, Place, Occasion)에 맞는 옷차림은 필수다.
친구들과 오랜만에 만난 저녁 식사 자리에
라이딩 슈트를 입거나
출근할 때 트레이닝복을 입는 일은 없길 바란다.

엄마가 일주일 동안 같은 옷을 입고 회사에 간 적이 있어.
청바지에 남방, 클래식한 자켓.

'일주일 동안 난 같은 옷을 입었다'라고
동료들에게 말했을 때
아무도 그 사실을 몰랐다는 것을 알았다.

새해, 우리 가족의 소원은

새해 첫날은 특별한 일이 없다면 산책하기 좋은 절을 찾아 기왓장에 흰색 마커로 소원을 적어 올린다.

글을 모를 때 넌 기왓장에 그림을 그렸고, 지금은 꽤 구체적인 소원을 적을 수 있을 만큼 컸구나.

올해 우리의 소원을 담아 기왓장에 올려 본다.

'슬라임 많이 가질 수 있게 해 주세요.'
'쓰는 글들이 잘 풀리게 해 주세요.'
'건강, 행복, 주식 대박.'

올 한 해 바라는 바 모두 이루어지기를….

남의 집 아이 크는 속도와
남의 집 아들 군대 전역은…

요즘 들어 자주 듣는 두 마디.
"어머, 벌써 딸이 이렇게 컸어요?"
"올해 여름에 BTS Jin 전역한다, 알지?"

남의 집 아이 크는 속도와 남의 아들 군대 복무 기간은
눈 깜짝할 새.

*

본인들 늙어 가는지도 모르고….

사실은, 나도 늙어 가는지도 모른다.

일분일초 행복하자.
아포방포 ♡ BTS

감당할 만한 시련이 어디 있겠어요

누구나 감당하기 힘든 시련, 상처받은 한마디는 가슴에 품고 있다.

내 마음을 열 때마다 그 상처가 보이지 않게 작은 가방에 넣어 두고 내가 감당할 수 있을 때.

한 번은 꺼내어 보는 건 어떨까.

*

내 딸 서영아.

그 시련을 버릴 수는 없어도 살면서 발에 차이지 않게

불편함 없이 가방에 잘 넣어 두고 마음껏

발 닿는 대로 뛰며 살면 좋겠다.

엄마가 그런 '마음의 가방'이 되어 줄게.

2024년 재정 운영 방안, 그리고 소통

"올해 싱가포르 여행 or 미국 여행 가능합니까?"
기획 재정부 장관이 물었다.
"아쉽게도, 올해는 어려울 것 같습니다. 이유로는…."
경제 부총리가 대답했다.

다소 매끄럽지 않은 진행으로 의견의 충돌이 있을 법했지만 기획 재정부 장관인 나는 경제 부총리인 남편의 의견을 수렴했다고 한다.

*

내 딸 서영아.

미래의 너의 남편과 매일 소통하는 삶을 살길 바란다.

집은 항상 따뜻한 곳이어야 해.

서로 날을 세우고 견제하고 싸운다면

'집이 얼마나 지옥일까?'라는 생각을 해 본 적이 있다.

항상 상대방을 경청하고 부드럽게 의견을 말하고

서로 이해하며 살길 바란다.

인사는 네가 어떤 사람인지 알 수 있는 척도가 된다

내 딸 서영아, 오늘도 안녕?
너의 계절은 어디쯤이니?

엄마가 사회생활을 23살 때부터 지금껏 17년 이상 하다 보니 특별한 날에 하는 인사들은 거의 기계적, 자동적, 반사적으로 입 밖으로 나가더라.

예를 들면 "새해 복 많이 받으세요."라고 인사를 들으면 "새해 복 많이 받으셨나요? 덕분에 전 잘 받았습니다." 혹은 "아직 복이 안 온 것 같지만 덕분에 잘 받을 것 같습니다. 감사합니다."라고 웃으며 말을 하는 것이지.

그런데 올해 먼저 파트너사의 담당자에게 새해 인사를 했는데 "네." 이렇게 대답하고 본론을 말하기를 바라더구나.

그 답변에 그 사람에 대한 여러 가지 생각을 하게 되었다. 아무리 일을 잘해도 인사에 인색하다면 좋은 평판을 받을 수 없다. 꼭 인사만큼은 계산 없이 반갑게 활기차게 하는 사람으로 성장하길 바란다.

*

인사할 마음의 여유가 없다는 것은 굉장히 슬픈 일이다.

'미운 사람에게는 쫓아가 인사한다'라는

속담을 기억하길 바라며.

친구

사전적 의미
가깝게 오래 사귄 사람

어릴 적엔 친구가 많았던 것 같은데
30대 중반으로 갈수록 내 생각을 자유롭게
이야기할 수 있는 친구는 분야에 따라 한정되어 있다는
것을 알게 되었다.

그리고 공감하지 못하는 대화는 형벌과도 같다고
생각했어.

*

바쁘고 치열한 너의 하루에도 불쑥불쑥 들어와서

좋은 생각, 웃긴 말, 힘이 되어 주는 말

심지어 욕을 할 수 있는 그런 친구들이

곁에 있으면 좋겠다.

알맹이만 남으면, 그런 친구들만 곁에 남으면

인생이 단순해진다.

덕질이 주는 힘

내 딸 서영아, 오늘도 안녕?
오늘은 어느 계절에 서 있니?

엄마는 2024년 1월의 마지막 일요일에 서 있다.
오늘은 3일 동안 시리게 춥던 날씨가 조금씩 풀려 따뜻해지고 꼭 봄이 올 것 같은 설렘이 느껴졌던 하루였어.

오늘은 BTS의 「달려라 방탄」이라는 노래가 하루 종일 생각이 났는데 왜 그런지는 모르겠어.

이 노래에 "10년을 wait, wait. we from the bottom"이라는 가사가 있는데 난 이 가사가 참 뇌리에 박혀서 안 지워진다. 저녁 내내 듣고 영상도 찾아 보고, 특히 이 노래의 무대 영상보다는 "Practice ver"이라고 연습 영상이 있거든.

이 영상을 보면 무엇이든 정말 열심히 해야겠다는 생각이 들어. 노래 가사와 딱 맞아떨어지는 안무 때문에 그런가, 가끔 정신이 해이해질 때 들으면 찬물을 끼얹은 느낌이 들곤 해.

나의 덕질이 항상 자기 계발의 원동력이 된다는 것이 참으로 고맙기도 하고 불혹이 다 된 나이지만 덕질은 삶을 풍요롭게 하고 활력을 주는 건 확실해.

너도 20살, 30살, 40살, 50살 그리고 60살이 되어서 네 자식에게 임영웅 같은 가수의 콘서트 티켓팅을 해 달라는 말이 나오도록 하루하루 너의 하루를 활기차게 보냈으면 좋겠어.

인생 뭐 있니? 즐기며 살면, 내가 좋으면 그만인 것을.
네 삶에 덕질이라는 활력이 꼭 함께하길 바라며.

「달려라 방탄」이라는 노래를 들으며

가사를 보며, 안무 영상을 보며

밤 11시가 넘은 시간에

나의 시간을 보내 본다.

엄마는 아미라서 행복해.

당연한 일상을 당연하게 살아 내는 것

육아의 궁극적인 목표는 자녀의 건강한 독립이라고 하더라.
오은영 박사님의 말씀이었다. 격하게 공감하며, 나도 널 스스로 혼자서도 건강하게 살아갈 수 있도록 해야겠다고 다짐했다. 그래서 이제 네가 살아가며 불편함 없이 할 수 있는 일들을 하나씩 하나씩 알려 주고 있어.

오늘은 인덕션의 불을 켜고 끄는 법, 설거지 후 주변을 정리하는 법을 알려 주었다.
설거지는 항상 미지근하거나 그보다 조금 따듯한 물로 헹구고, 싱크대와 식탁은 행주나 주방용 티슈로 물기 없이 깨끗하게 닦고, 전자레인지에 포장용 종이나 은박지는 절대 넣지 말고, 얼굴은 클렌징 폼으로 깨끗하게 씻고, 머리를 감을 때는 구석구석 두피도 깨끗하게 하고,

손톱은 일주일에 한 번 정리하고, 발톱은 이주일마다 한 번 정리하고, 앞머리는 3주마다 한 번은 미용실에 가서 다듬고, 내일의 가방은 전날 꼭 미리 챙겨 두고, 입을 옷도 미리 정해 놓고, 내일의 시간표도 하루 전 체크하고.

당연한 일상들을 당연하게 챙길 수 있도록 하는 것은 생각보다 어려운 일임을 나는 널 키우며 알게 되었다.

설거지 후 행주도 야무지게 빨고 털어서 넣어 놓는 널 보며 설거지에 진심이라는 생각이 들어서, 난 "수고했어"라는 말도 아끼지 않고, 다 끓인 미역국에 소금 간을 하며 국을 휘휘 젓는 널 보며 '뜨거운 냄비에 다치진 않을까?', '그래도 해 봐야지'라는 두 가지 생각으로 결국은 '새로운 경험을 학습해야지'라며 국자를 내어주고.

인간이 죽을 때까지 학습하는 동물이라면, 부모는 그런 학습을 하는 아이를, 어른이 되고 나서도 잘할 수 있도록 지켜보고 응원해 주는 역할이 아닐까 싶다.
다소 부족한 면이 있는 부모일지라도 말이야.

*

샤워 후 화장실 청소와 수전의 물때를

제거하고 나오는 널 보며 감탄했다.

오늘도 한 걸음 성장한 널 보며.

우리가 새로운 자극,
새로운 경험을 찾게 되는 이유

여행이란 우리가 사는 장소를 바꾸어 주는 것이 아니라,
우리의 생각과 편견을 바꾸어 주는 것이다.
- 아나톨 프랑스

1월에 어디든 백팩을 메고 여행 가는 것을 추천한다.
2박 3일, 3박 4일 뭐든 좋아.
낯선 장소, 모르는 사람들, 낯선 식당이 주는 새로움에
좋은 에너지를 받고 돌아오길 바라며.

*

언제부턴가 엄마는 1월이 되면

서울로 가족여행을 가곤 했다.

가끔 다른 도시에서 뜨는 해를 볼 때

내가 살아 있음을 느끼곤 하거든.

지키고 싶은 것이 있다면
우선 건강부터 챙길 것

내 딸 서영아, 오늘도 안녕?
너도 나이가 드니 몸이 예전 같지 않지?
30세부터는 정기적인 건강 검진은 필수란다.
술도 커피도 좀 줄이고, 잠도 이틀에 한 번은 푹 자고,
생체 리듬이 망가지지 않게 몸 잘 챙기고 있지?

운동은 주 2~3회 꼭 하고
건강이 최고다.
건강을 잃으면 아무리 좋은 것도 소용이 없어.
너와 오래오래 건강하게 살려고 엄마, 아빠는 운동도
열심히 하고 식단도 관리했다. 잊지 말기를 바란다.

지키고 싶은 것이 있다면 너부터, 네 몸부터 꼭 챙길 것.

*

결혼하고 널 낳고 나서

내가 지켜야 할 사람들이 늘어나며

나도 더 단단해졌다.

너도 소중한 사람과 너를 지키기 위해

노력하는 삶을 살아.

봄, 따뜻한 사람

옆에 있어 주는 것으로도 힘이 되는 사람.

너에게 무엇인가 되려고 노력하지 않아도
때가 되면 찾아오고 꽃이 피고 열매를 맺게 하는
그런 봄처럼 따뜻한 사람을 만나길 바란다.

*

엄마, 아빠는 네가 20대 후반에, 26살, 27살 정도에
봄처럼 따뜻한 사람과 결혼하면 좋겠다고 생각해.

같은 곳을 보는 평생의 친구가 생긴다는 것은
사람을 한 뼘 더 성숙하게 만든다.

당신 덕분에 괜찮다고 나의 어둠은

인간은 누구나 자신만의 '어둠'을 가지고 있다.
너의 어두운 시간 속에서 한 걸음 밝은 공간으로
이끄는 사람이 있다면.
그 사람을 따라가는 것도 좋아.

*

살아 보니 나의 어둠을 드러내고 이야기할 수 있는

평생의 친구가 있어서 참 다행이라는 생각이 들었다.

엄마는 아빠를 만나서 참 다행이야.

가시연꽃

고단한 숨을 토해 내고
그날의 기억을 토해 내고
숨이 안 쉬어질 만큼 토해 내도
여전히 같은 자리에 머문다면

*

그럴 땐 그냥 네 마음이 바닥에 뒹굴도록 놓아둬.

그 마음도 힘들면, 한참 뒹굴다 지칠 거야.

그때 일어서, 서영아.

나에 대한 최소한의 예의

이별의 허전함, 고독감, 무료함, 허무함에 대한 예의
너를 흘려보내야 하는 시간에 대한 예의
나를 바로 세울 시간에 대한 예의

*

불같은 사랑 뒤,

차가운 이별도 경험해 보길 바란다.

누군가가 널 떠나도

'너'부터 바로 세울 수 있는 시간을 꼭 갖길 바라며.

공정 무역

내 마음과 네 마음의 무게가 같고
서로의 기대와 실망이 공정하게 분배되는
서로의 대한 공평한 사랑과 신뢰를
유지할 수 있는 그런 거래는 없을까?

*

사랑하는 내 딸 서영아.

애초에 그런 관계는 성립되지 않아.

마음과 마음 사이 공정 무역이 가능했다면

이 세상 모든 드라마는 재미없었을 거야.

비 오는 수요일

비 오는 수요일에 노란 장미를
너를 위해 꽃을 사는 여유를 가지기를 바라며
매일 조금씩 줄기를 자르고
화병의 물을 갈아 주고
그렇게 예쁘게 활짝 핀
꽃을 보며 예쁜 맘으로 살길 바란다.

*
언젠가
Wednesday rose라는 메일 주소를 본 적이 있다.
무슨 메일 주소가 이렇게 낭만적이야.

사람이라 슬퍼했다

사람이
사람에게
사람으로서
사람이라서
사람임에도 불구하고
사람이니까

*

살다가 사람에게 지쳐서 마음이 많이 아프면

이해하려 하지 말고 네가 택할 수 있는

최선의 방법을 생각하길 바란다.

이기적으로 살아.

사람이니까, 넌.

엄마가 이해해 줄게.

사람이니까 그렇게 살아.

완벽한 인간은 세상 어디에도 없다

내 딸 서영아, 오늘도 안녕?
엄마는 아빠와 결혼하고 나서 아빠의 숨겨 왔던 모습들을 보게 되었어. 결혼은 연애 때 보지 못한 배우자의 여러 가지 모습을 볼 수 있다는 것이 참으로 흥미롭다.
그게 좋은 점이든 나쁜 점이든 말이야.

예를 들자면, 네 아빠는 설거지도 잘하고, 음식물 쓰레기도 알아서 잘 버리고, 분리수거도 잘하고, 일반 쓰레기도 말하지 않아도 버리고 다 좋은데 말이야.

샤워 후 사용했던 치실과, 여드름 압출용 니들, 면봉 같은 것들을 항상 쓰레기통에 넣지 않고 화장대에 올려놓았어. 결혼 후 2~3년은 즉시 버리라고 이야길 했는데, 어느 순간 그런 말을 하는 것보다 내가 바로 치우는 것이 더 낫더라고.
사람이 아무리 말을 해도 잘 개선되지 않는 점은 하나씩 있다고 인정하는 순간 마음이 편해졌다.

아주 사소한 것들로 인해 마음이 상하고 좋은 관계가 틀어져 버리는 것만큼 불필요한 것은 없다고, 또 그런 것들에 에너지를 쓰기 싫었거든. 덕분에 지금도 큰 트러블 없이 우린 잘 살고 있어.

너도 결혼해 보면 알 거야. 그런 사소한 것들로 싸우는 것 자체가 큰 의미가 없다는 것을. 엄마는 네가 현명한 결혼 생활을 할 거라 믿는다.

먼저 대화로 시작하는 것이 핵심이다.
감정을 상하게 하거나 예전의 일들을 끄집어내는 것은 안 돼.
지금의 문제점만, 팩트만 감정 없이 이야기해야 해.

*
완벽한 인간은 세상 어디에도 없다.
아마 네 아빠도 나처럼 나에게 말하지 않고
혼자 처리하는 일들이 있을 것이라고
난 믿어 의심치 않는다.

우리의 시간은 응원하고 사랑하고
행복을 느끼기에도 부족하니까.

한결같은 믿음, 함께하는 일상

"너도 엄마가 되었구나, 축하해. 이제 새로운 세상이 열릴 거야."
언젠가 이런 인사를 할 날이 오겠지.
상상이 잘 되진 않는다.
아직은 널 어른으로 잘 키우는 것이 나의 역할이니까.
그래도 네가 아이를 낳아서 키울 때 엄마와 아빠, 할머니가 너에게 보여 준 사랑만큼 너도 잘 키울 거라고 믿는다.

우리가 너에게 한결같이 대했던 두 가지.

첫 번째, 널 믿어 주는 것.
두 번째, 매일 사랑한다고 말하고 안아 주고 너로 인해 행복하고, 너라는 존재 자체로 가치 있다고 말해 줬던 것.

아이가 어른의 그늘을 먹고 자라지 않도록 밝은 미소와 좋은 생각을 들려주고 함께 하는 일상들이 네 삶에서 행복으로 반짝이길 바라며.

*
어릴 적, 부모와 함께했던 좋은 기억으로
아이는 평생을 살아가기도 한다.

구름 한 점 없는 높은 가을에 챙겨 봐야 할 것들

조용한 절에 가서 산책하기

책 한 권 들고 혼자 카페에 가서 멍하니 있기

가을이라고 폭식하지 않기
(가을, 겨울에 껴입는 옷이 많아 부해 보이지 않도록
체중 관리 엄격하게 하기)

국화꽃을 사서 집 안 화병에 꽂아 두기

따뜻한 물 자주 마시기

우리가 같이 보내는 이 시간,
이별도 연습이 필요해

만남, 그리고 이별

어딘가 향하는 네 마음이 저 하늘의 별들의 길처럼
잘 보이면 좋으련만,

아쉽게도 뿌연 먼지 조각이 되어
별의 조각이 되어
공중에 흩어져 버리기도 한다.

*

인간의 시간은 영원하지 않기에,

가끔 그 마음을 알지만

모른 척하고 외면하기도 한다.

다르게 쓰인 너와 나의 일기처럼,

서로의 시간 안에서 반짝일 뿐.

붉은 노을빛의 그리움

내 딸 서영아, 오늘도 안녕?
엄마는 지금 숨이 막힐 듯한 더위와 그보다 더 습기를 느끼는 계절에 서 있다.

나이가 드니, 오늘 내 곁에 무탈하게 잘 있던 사람도 어느 날 갑자기 국화꽃 편지로 연락이 오기도 하고, 그럴 땐 참으로 인생이 허망하다는 생각이 든다.

'태어나는 건 순서가 정해져 있어도 가는 건 순서가 없다'라는 말도 떠오른다.

우리, 우리의 하루를 더 알차고 행복하게 보내자.

*

어느 여름, 붉은 노을을 닮은 능소화를 보며,

나의 그림자에 너의 그림자를,

우리의 그림자를 더해 본다.

내가 살아온 시간에 뿌려진 수많은 꽃들은

서영아, 사랑하는 내 딸 서영아
엄마는 불혹이 가까워지니 여러 가지 생각이 든다.

나라는 사람의 존재 당위성에 대한 생각, 삶이란 무엇인가에 대한 생각, 죽음과 삶 사이의 인간이 보낼 수 있는 시간의 한계에 대한 생각 등.

너도 언젠가 나에 대해, 엄마라는 사람, 또 엄마라는 인간은 어떤 가치관을 가진 사람이었는지 궁금할 날이 올 것이라 생각한다. 그래서 난 지금 비록 40대를 마주하고 있고, 아직도 살아갈 날이 창창한 나이지만 '나'에 대해 기록해 보려고 해.

엄마는, 난 말이야.

커피 마시는 시간을 좋아하고, 2주에 한 번은 꼭 꽃을 사고 꽃집과 빵집에 가는 것을 좋아해. 운전하며 노래 듣기, 산책하기, 전시회에 가서 시간 보내는 것, 책 읽으며 커피 마시기, 밤에 깨끗하게 정리된 물기 하나 없는 부엌의 조명을 켜고 보는 것, 청소하고 깨끗해진 공간을 보는 것을 좋아해.

잠들기 전 여러 가지 상상하는 것을 좋아하고, 예를 들면 로또 1등이 당첨되어서 어떤 아파트를 구매할지, 우리 가족이 미국 여행을 가서 엠파이어 스테이트 빌딩에서 야경을 보고, 햄버거를 먹는 모습이라든지, 내가 쓰는 이 책들이 언젠가 '책팟'이 터져 책이 100만 부 이상 팔려 책 출간 파티를 근사하게 열고 지인들과 함께 즐긴다든지, 그런 상상들을 하며 잠드는 것을 좋아하고.

건강 염려증이 약간 있어 조금만 아파도 병원에 가는 편이고, 계획을 좋아하지만 멍하니 있는 것도 좋아하고.

너와 네 아빠와 함께 보내는 시간을 좋아하고, 드라이브하는 것을 좋아하고, 여러 사람들과 시끄럽게 노는 것보다는 한 명과 조용히 2시간 정도 노는 것을 좋아해.

그리고 제일 싫어하는 것은 시간 약속을 지키지 않는 것, 미안한 일을 미안해하지 않는 것.

간단하게 생각나는 것만 써 봤는데 어떠니?
네가 30대, 40대, 그 이후에 어떻게 느낄지 모르겠지만, 네 기억 속의 나와 내가 생각하는 나의 거리가 좁았으면 좋겠구나.

*

소중한 우리 딸 서영아, 너를 많이 사랑한다.
매일 밤 자기 전에 사랑한다고 말해 주고 꼭 안아 주는
것이 내가 밤에 너에게 할 수 있는 전부임을 너는 알까.

마음의 잔들이 채워지고 비워지고

내 딸 서영아.
제법 시원한 바람이 분다.
여름과 가을을 구분하는 것은 왕성한 식욕도 아닌,
높은 하늘도 아닌 네 아빠의 재채기 소리다.
밤낮의 기온 차가 클수록 비염 환자인 네 아빠의 재채기 소리가 요란하구나.
이렇게 하루, 한 달, 일 년.
시간은 정말 쏘아 버린 화살처럼 지나가 버린다.

우리의 기쁨, 행복, 슬픔이 흘러넘치고 마음의 잔들이 채워지고 비워지고 하는 동안 나도, 너도, 네 아빠도 나이를 먹는다. 그 누구도 죽음은 피할 수 없기에 오늘은 조심스레 우리가 맞이할 죽음에 대해 가볍게 생각해 본다.

아직은 어린 나이의 네가 받아들이긴 힘들지만, 난 네가 이 책을 60살, 70살이 되어도, 우리가 다른 공간에서 각자의 삶을 잘 지내더라도 펼쳐 보고 위로받길 바라며 적고 있다.

우리가 부재인 그때, 네 어깨에 내려앉은 슬픔이 한없이 크고 무거울 때, 실컷 울고, 소리 내고, 햇빛과 달빛, 사람에게 위로를 받았으면 좋겠다.

*
살아 있는 모든 것들의 수명은 유한하기에,

오늘이 마지막인 것처럼 행복하게,

하고 싶은 일 하며

너의 시간을 잘 보내길 바라는 마음으로.

너는 나에게 그런 사람

가끔, 사람이 주는 따뜻한 에너지에 추위와
힘듦도 잊어버리는 순간들을 경험한다.

나에게 너는 따뜻한 사람.
다정하고 포근하고 아늑한 사람.

*

아이를 키우는 5살까지의 시간이

아이가 부모에게 최고의 사랑, 따뜻함을

대가 없이 전해 주는 시간이라고 했다.

항상 엄마에게 사랑한다고 표현하는

널 보며 난 많은 위로를 받았다.

이 세상에서 가장 따뜻한 아이.

배롱나무의 꽃

피고 지고를 무수히 반복하는
우리의 삶과 닮아서
그 순간도 아름답다고 느껴서
배롱나무꽃이 아름답다고 느껴진 것일지도

*

우리가 함께 걷던 거리에 지붕처럼 펼쳐졌던 배롱나무꽃.
분홍색, 하얀색, 연보라색의 촘촘한 꽃들로 수놓인
하늘을 보며 우리의 여름과 초가을을 잘 보냈었다.

하루의 끝 쌀로 만든 빵

내 딸 서영아, 오늘도 안녕?
너의 계절은 어디쯤이니?
우리는 지금 2024년 1월의 마지막 일요일에 서 있다.
엄마는 아침에 항상 너에게 갓 지은 밥을 챙겨 주려 노력해.
평일 점심은 학교에서, 저녁은 할머니께서 챙겨 주시니 세끼 중 그래도 내가 만들어 줄 수 있는 유일한 아침이라는 생각이 들어서 그런 것 같다.

하루의 시작을 따뜻한 밥으로 채워 주고 싶기도 하고, 그렇게 시작해야 조금은 덜 미안한 마음이 들기도 하고 워킹 맘은 분명, 우리 가족 모두를 위해 일터로 나가는 것인데, 왜 아이를 낳고 나면 죄책감, 미안함까지 옵션으로 오는지 모르겠다.

그리고 앞으로 짧아야 10년, 길어야 15년 내가 차린 아침밥을 먹고 다닐 생각에 '늘 잘 챙겨야지'라는 다짐을 하곤 해. 그래도 20살이 되면 독립해서 살기를 바란다. 엄마 마음 알지?

쌀가루로 반죽을 치대는 널 보며, 빵과 떡의 그 중간의 창작물을 맛보며 함께하는 이 시간을 소중히 여긴다.

*

뽀얀 쌀가루처럼

묵직하고 부드럽고 강단 있어 보이는,

실제로 단단한 그런 사람이 되길 바라는 마음으로.

2024년, 나와 너의 뮤직 플레이 리스트

우리가 잠들기 전 같이 들었던 노래, 나이를 먹어서도 기억할까? 넌 어릴 때 말이야, 꽤 올드한 노래들을 좋아했다. 2024년 이 시대 우리의 음악을 기록해 본다.

[네가 잠들기 전 즐겨 들었던 노래]
「후라이의 꿈」(악뮤)
「밤하늘의 별을」(경서)
「make it right」(BTS, feat.Lauv)
「봄날」(BTS)
「Hey Jude」(The Beatles)
「비밀번호 486」(윤하)
「사건의 지평선」(윤하)
「마음」(아이유)
「잡아줄게」(ASH ISLAND, 그루비룸)

「나는 아픈 건 딱 질색이니까」 ((여자)아이들)

[내가 잠들기 전 즐겨 들었던 노래]
「Hey Jude」 (The Beatles)
「오르트구름」 (윤하)
「사랑해」 (스윗 소로우)
「그녀가 웃잖아」 (김형중)
「Let it Be」 (The Beatles)
「Basket case」 (Green Day)
「너의 모든 순간」 (성시경)
「Fine」 (태연)
「아무리 생각해도 난 너를」 (스윗 소로우)
「River Flows In You」 (이루마)

*

우리의 삶의 내리쬐는 햇살처럼

음악은 늘 우리의 시간 속에 공존한다.

마음을 잡고 무엇인가 시작할 때,

하루를 마치고 눈을 감았을 때,

좋아하는 노래도 위로받는 순간이

있었으면 해.

조조영화, 그리고 이 세상의 좋은 일은

내 딸 서영아, 오늘도 안녕?
너의 시간은 어디쯤이니?
엄마는 2024년의 2월의 중반, 입춘과 우수가 지난 어느 날에 서 있다.

2월은 영화의 달이라고 정했다. 가끔 테마를 정해서 한 달을 보내면 특별한 시간을 보낸 것 같아서 기분이 좋아진다.

너와 2편의 영화를 영화관에 가서 팝콘과 콜라를 먹으며 보았는데, 이제 조금 컸다고 꽤 집중해서 영화를 보는 네 모습에 난 많이 뿌듯했어.

저번 주에 본 영화에 이런 대사가 나왔어.

"Every good think in this world started dreams."
(이 세상의 좋은 일들은 누군가의 꿈에서부터 시작되었다.)

좋아하는 팝콘을 한 줌 쥐고 입으로 넣으려는 손이 멈춰 화면에서 눈을 떼지 못하는 널 보며 영화 도입부부터 각인되도록 저 노래를 불렀던 주인공 웡카의 눈빛에 영화를 잘 선택했다고 생각했다.

*

어른인 우리도 꿈을 꾸어야 하는 이유.

Every good think in this world started dreams.

오래된 나의 회색 운동화에게

4일간 내린 비로 어떤 봄을 준비하던 날
길을 걷다가 살짝 미끄럽다고 느꼈다.

밑창이 닳아 빗길에 미끄러질 것 같아
다리에 힘이 들어갔다.

이만하면 새로 사야 하는데 10년 넘게 함께해서
쉽게 버릴 수가 없었다

혼자일 때도 둘일 때도 무게를 지탱해 주었던
나의 오래된 회색 운동화.

*

임신 초기에 샀던 발볼이 아주 넓고 편한 나의 회색 운동화.
내 무게와 너의 무게도 지탱해 주었던 그때가
기억에 많이 남아서 이 신발을 버릴 수가 없다.
세월의 흔적이 묻은 물건들이 소중해졌어.

뒤엉킨 실을 자르는 방법

가끔 내리는 비에 내 기분도 같이 축 처지는 그런 날이 있다. 오늘이 그런 날.
아무런 좋은 일, 나쁜 일 없이 평범한 하루가 지나가는데 고독하고 허탈한 마음이 드는 그런 날.

'40살, 인생의 두 번째 사춘기가 이런 것일까?'라는 생각도 들고 친구와 신나는 잡담을 해도 기분이 나아지지 않고, 밥으로도 채워 볼까 싶어 국밥에 밥 한 공기를 전부 말아 먹어도 헛헛한 이 기분이 채워지지 않을 때.
산책해도 공허함이 나를 감싸안을 때.

참으로 알 수 없는 기분이 들었다.

그래서 먼지 하나 없이 깨끗하게 집 청소도 했는데 다행히 조금 기분이 나아지는 듯해.
완벽히 그 뭔지 모를 감정이 해소되지는 않았지만 말이야.

이 복잡하고 미묘한 내 생각을 덮어 버리는 어깨가 무거운 회색 기분. 인스타 피드나 숏폼에 눈과 손이 가지 않는 그런 시간이 꼭 있다.

그래서 네가 잠든 밤 11시에 컴퓨터를 켰다.
마음이 가는 대로 글을 적었다.
글을 적으며 무엇인가 해소됨을 느낀다.
다행이다. 두유 팩 하나를 뜯어서 마신다.
마시며 또 글을 적는다. 한 시간이 벌써 지났다.

갑자기 작년에 읽었던 『그릿』이라는 책의 문구가 떠올랐다.
"당신에겐 그릿이 있는가?"
"네, 저에겐 약간의 그릿이 있고 글도 있습니다."

혼자 물어보고 답하는 시간을 가졌다.
혼자 웃었다.
'나 왜 이러지? 미쳤나 봐.'

내 딸 서영아, 엄마는 가끔 혼자 묻고 혼자 답하는 시간을 갖는다. 지금처럼 글자와 밤새 마주 보기도 하고, 고개를 갸우뚱거리고, 벽을 보며 멍하니 있기도 해.

*

이런 것이 마흔의 사춘기라면
난 그 시간을 꽤 잘 보내고 있는 것 같아.
걱정하지 마.

너도 출구 없이 엉킨 생각의 실타래들이
머릿속에 가득할 때 너만의 방법으로
그 실을 잘라 내는 방법을 찾을 거야.

인생에서 중요한 것

내 딸 서영아, 오늘도 안녕?
오늘은 2학년 마지막, 봄방학식이 있는 날이야.

봄방학을 끝으로 오전 10시 반에 집으로 들어온 너에게 난 "고생했어, 일 년 동안 잘했다."라고 말해 주며 안아 주었다.

작년 봄방학 때도 지금도, 난 연차를 써서 너를 반겨 주었는데, 앞으로도 그렇게 할 거야.

넌 알까? 엄마는 무슨 일이든 시작이 중요하고 또 그보다 끝이 더 중요하다고 생각하거든.

그래서 네가 한 학년을 마치는 지금, 그 시간을 축하하고 응원해 주었어. 맛있는 점심도 같이 먹고 집에서 편하게 쉬게 하려고 말이야.

좋아하는 친구와 다른 반이 되었다며 슬퍼하는 너에게 난 새로운 친구가 또 생길 거라며, 좋은 친구들이 네 반에 있을 거라며 위로했었다.

조금 쉬었다가 학원에 가란 말에 넌 이렇게 답을 해.
"엄마, 인생에서 공부는 중요한 것이 아니야. 인생에서 중요한 건 만들기야. 내 손으로 만드는 무언가."
생뚱맞게 철학적인 말을 하고 방으로 들어간 딸.
네 손에 든 클레이와 너의 얼굴을 번갈아 보며 난 그 말의 의미를 생각하며 식탁 정리를 하고 있다.

*

우리는 헤어짐과 만남의 시간도 잘 보내기 위해

내일을 또 기대하고 살아간다.

그 과정에 어른과 아이도 다를 것은 없지.

커서 철학자가 되려고 그러니?

그렇다면 엄마는 찬성이다.

달 토끼의 꿈

"내 꿈은 진짜 토끼가 되는 거야."

토끼 인형이 말했다.

"요정의 별 가루가 내 방에 가득한 날,
난 달에 가는 꿈을 꿀 거야.
거기에선 난 진짜 살아 있거든."

*

영어 공부를 하며 갑자기

나에게 했던 달 토끼 이야기

가끔 난, 네가 몽상가가 아닐까 생각해.

40살인 딱딱하게 굳은 나의 두뇌와

다른 세계에 있는 너의 두뇌.

그 생각이 진짱 난 부럽다.

세월이 우리를 슬프게 할지라도

무심코 본 거울에서 늘어진 모공과 피부들을 볼 때
희끗희끗 여기저기 꽃이 핀 흰머리들을 볼 때
눈가의 생기 없음과 무표정의 나를 볼 때
퍼석한 입술, 처진 눈꼬리에 머문 눈물에
눈에 손이 자꾸 갈 때
거울을 보며 갑자기 울음이 터질지도 모른다.

그럴 때 위로해 달라고 말하지 않아도 다가와서 괜찮다고 말해 줬으면 좋겠어. 인간의 노화는 자연스러운 현상이니까 엄마인 나와 딸인 네가 자연스럽게 받아들이고 당황하지 말고 토닥여 주는 그런 시간을 갖기를 바라며.

*

딸의 사춘기보다 무섭다는 엄마의 갱년기라잖아.
엄마가 갱년기가 와서 우울해하면 많이 위로해 줘.

맛있는 것도 사 주고 영화도 같이 보고
꽃집도 가고 산책도 같이 가고

내가 너에게 그렇게 했던 것처럼
아주 조금만 위로해 주면
엄마는 괜찮아질 거야.

우리가 있었던 송광사에서

내 딸 서영아, 안녕?
너의 시간은 어디쯤일까?
엄마는 봄볕에 꽃들이 피었건만 동장군의 시샘으로 눈을 흘기는 반짝 추운 계절에 서 있다.

오늘은 점심을 먹고 전라남도 순천에 있는 송광사에 갔었어.
우리나라에서 가장 많은 고승을 배출한 절이라 그런지 위엄 있고 여유롭고 한적한 풍경이었다.

칼바람에 코끝과 볼이 빨개지며 절 주차장에서 10분 정도 걷고 나니 "무소유 길"이라는 팻말이 나왔다.
나와 네 아빠는 살면서 소위 "full 소유 길"을 걸어오고 있어서 무소유 길에서 풀 소유를 논하며 웃었다.

10분 정도 더 걸으니 대웅전이 나왔는데 사찰 경내는 한겨울이라 잎도 한 장 없지만 따뜻하고 포근하고 감싸안아 주는 느낌이 들어 좋았어. 게다가 집채만 한 산수유나무에 노란 꽃이 흐드러지게 핀 풍경에 로또 4등이라도 당첨된 듯이 기뻤지. 천왕문 앞 거대한 배롱나무와 겹벚꽃이 만개한 모습이 눈앞에 선하여 봄에 꼭 다시 오겠다고 다짐했다.

성보 박물관, 보조국사 지눌이 이곳에 처음 왔을 때 짚고 있던 지팡이를 꽂은 "고향수"라는 나무, 배롱나무, 산수유나무, 대웅전의 압도적인 불상들의 크기에 잠시 멈칫하며 경건한 마음으로 절을 하고 경내를 다시 둘러보았다.

규모가 있는 절의 명성을 증빙하듯 "소원을 말해 봐"라는 작은 이벤트가 너를 맞이했고 소원을 종이에 적어 매달아 놓는 너를 보며 무슨 소원인지 궁금했다. 슬쩍 가서 보니 '영어 공부 잘하게 해 주세요'라고 적혀 있었다.

햄스터를 키우게 해 달라고 일 년 넘게 조르고 있지만, 살아 있는 무엇인가를 키우는 것은 결코 간단한 일은 아니기에, 생명의 소중함과 존엄함, 집사의 능력을 보겠다고 매일 말하고 있던 차였다. 하지만 어디서 정보를 수집했는지, 햄스터를 안는 방법, 산책시키는 방법, 먹이를 주는 방법, 집을 어떻게 꾸미고, 키워야 하는지에 대한 설명을 장황하게 늘어놓는 널 보며 언젠가는 꼭 키우게 될 것이라는 생각이 들었다.

하지만, 이왕 키우게 해 줄 일이라면 명분을 세워 노력하는 모습을 보고, 목표를 달성한다면 나도 너도 좋을 것 같아 영어로 된 책들을 술술 읽는다면 키우게 해 준다고 협상했다.

그리고 그 협상 후 2주 동안 열심히 노력하는 널 보며 대견하다고 생각했고 바르면 여름쯤 골든 햄스터가 우리 집에서 같이 살 것 같은 느낌이 들었다. "햄스터 키우게 해 주세요"가 아닌 "영어 공부 잘하게 해 주세요"라고 소원을 적은 것은 네 목표에 따른 책임감과 꼭 이루고 말겠다는 너의 의지를 담은 것 같아 꾹꾹 눌러 쓴 글씨가 꼭 살아 춤추는 것 같았다. 10살이 된 넌 마음과 생각이 단단해지고 있음이 분명했다. 자기 전 내가 말해 주었던 살아가는 데 필요한 스킬들, 정직하게 말하는 방법과 모르는 문제에 답이 나올 때까지 혼자 생각하고 탐구하는 습관의 중요성, 학교, 학원에서 친구들과 선생님과 또 다른 이해관계자들과의 관계에서 사회성을 기르는 모든 것들이 너의 하루를 변화시키고 마음을 담금질하고 있다.

너와 나의 30년이라는 시간적 갭.
내 하루는 달리는 기차처럼 너의 하루는 정차역이 여러 곳인 버스처럼 각자 느끼는 속도감은 달랐지만 우리는 분명 같은 24시간을 보내고 있기에 함께하는 이 시간을 의미

있게 보내자고, 꼭 의미 있게 보내야 한다고 나의 "풀 소유 길"을 내려오며 다짐했다.

2024년 3월 2일의
우리의 기억 속 한 페이지를 기록하며.

*

청명한 추운 날,

산책하기 좋은 무소유 길

산수유꽃, 작품 같은 소나무,

그리고 우리가 있었던 송광사에서.

엉덩이가 쉬는 시간

결혼하면 소꿉장난 같은 아기자기한 일들이
가득할 줄 알았거든.
예쁜 그릇에 내가 만든 음식들을 예쁘게 놓고 여유롭게
먹고, 저녁엔 영화 한 편 감상하고.

그런데 그런 일상들은 단비처럼
빠르게 지나가 버리더라.

네가 태어난 뒤부터
내 세상은 다시 열렸고
내 세계는 뒤집어졌어.

남들처럼 평범하게 사는 일이 굉장히 치열하더라. 내 하루를 쪼개서 바쁘게 살아야 안정감 있게 우리 가족이 편안하게 잠들 수 있음을 알게 되었어.

밤 11시.

오늘도 하루를 마무리하고

이제야 내 엉덩이가 의자에 자리를 잡아 앉았다.

*

새벽 5시부터 밤 11시까지 회사와 육아,

집안일로 풀타임 근무 중인 어느 날

밤 11시부터 자유 시간을 갖는 엄마라는 이름

그래도 네가 있어서 행복하고 우리 집이 참 좋아.

60대에 하고 싶은 일

인생 모르잖아요.
60대에 정말 하고 싶은 일이 생길지,
그때를 위해서 내 시간을 헛되게 보내지 말자구요.

첫 번째 내가 쓴 책의 주된 내용이었다.

흘러가는 시간에, 어느덧 마주한 30대, 40대의 내가 당황하지 않도록 긍정 회로를 돌려 나를 위로했던 말이었고 내가 하고 싶은 말을 글로 써서 출간이라는 내 인생의 업적을 남겨 행복한 일 년을 보냈는데, 이 말을 계속 생각할수록 난 아직 하고 싶은 일이 없다는 사실에 초조했었다.

달리는 말이 결승점이 어딘지도 모르고 달리기만 하는

것 같은 기분이랄까. 나의 39살 겨울, 40살의 봄은 그렇게 앞만 보고 달리고 있었고 약간은 힘이 빠진 것도 사실이었다.

매일 아침, 좋은 생각을 적어 SNS에 업데이트하고 있던 나지만, 과연 내 삶을 내가 원하는 방향으로 업데이트하고 있던 것일까.

하루에도 여러 번 의문이 들었고, 어느 날은 열정적으로 SNS 활동을 했다가 어떤 날은 쳐다보기도 싫은 나의 공간이 되기도 했다. 그래서 하루 종일 SNS의 알람을 모두 off로 설정한 뒤 하루를 보내기 시작했고 그 시작은 꽤 효과가 있었다.

그리고 귀농 후 여유롭게 사는 사람들이 쓴 책을 읽기 시작했어. 난 지금도 늙어서도 귀농하고 싶은 생각은 없다. 단지 그런 생활에서 만족을 느끼는 사람들의 이야기, 나와는 다른 고민을 하는 사람들의 이야기를 듣고 싶었고, 내가 지금 하는 고민이 어떤 사람에게는 어떤 관점에서 해석될지 알고 싶었다.

여러 권 책을 읽은 결과, 귀농한 사람들이 단호하게 자신의 삶에서 중대한 결정을 했던 한 가지가 있었는데, 그것은 바로 '내려놓기'였다. 그래서 나도 '하고 싶은 일'에서 절반쯤 마음을 내려놓았다.
'죽을 때까지 하고 싶은 일이 없으면 어때?' 지금도 나쁘지 않다고 생각을 바꾸기로 했고, 마음을 조금 편안하게 가져 보기로 했다.

책 읽는 것을 좋아하니까, 평생 책 보다가 책을 쓰다가 그렇게 살면 되지. 그렇게 살자. 그게 뭐가 어려운 일이라고, 거창하게 생각하지 말자. '내 삶은 이미 열심히 살아온 나를 증빙하고 있으니 누군가에게 보일 내 삶을 미리 걱정하지 말고 내 하루를 나 스스로 잘 살아 보자.'라고 생각을 바꾸게 되었을 때, 거짓말처럼 난 하고 싶은 일이 생겼다.

평생 책을 보다가, 책을 쓰다가 살면 되지, 거기서 한 가지 빠진 것이 있었다. 난 공간을 너무 사랑하는 사람인데, 개인적인 나의 공간을 무척 좋아하는 사람인데, '공간'이라는 한 가지가 빠져 있던 것이다.

난, 독서와 책을 쓰는 내 모습에 책방이라는 공간을 더했다.
작고 아기자기한, 내가 좋아하는 책으로 가득 찬 책방이라는 공간을 생각하는 순간, 개안한 것 같았다.

'책을 좋아하는 사람들이 책방을 찾고, 마음에 드는 책을 사고, 커피도 마실 수 있는 책방을 열고 싶다'라는 생각이 강하게 뇌리를 스쳤다. 물론, 책방은 영리의 목적으로 운영은 힘들 것이다. 그래서 40살인 나는 책방을 열 시기를 60대로 계획했다. 아직은 내 어깨에 놓인 많은 짐과, 생활비, 너의 사교육비를 충당해야 하니까 내가 정말 하고 싶은 그 일, 책방 운영은 퇴직 후 60살 정도에 하기로 정했다.

물론 60살 전에 로또 1등이나, '책팟'이 터진다면 그 시기를 좀 당길 수도 있겠지만, 1% 정도의 가능성만 열어두고, 60대에 책방을 열기로 결심했다. 가족들에게 책방 운영에 대한 나의 결심을 말했고, 운영할 공간의 어바웃, 일일 매출 예상, 오픈 시간, 월세 등에 대한 정보 수집에 대해 매일 한 가지씩 새로운 정보로 책방 운영에 대한 설득을 더해 나갔다.

마음도 편했다. 당장 급하게 준비할 일은 하나도 없기에, 매일 밤 나의 책방을 어떻게 꾸밀지 상상하면 늘 기분이 좋았다. 쉬는 날에는 책방을 찾아가 어떻게 운영하는지, 책이 매대에 놓인 구조와 책방지기님이 책을 대하는 방법, 책방의 분위기를 파악하는 일이 너무 즐거웠다.

난 40살까지 하고 싶은 일을 찾지 못했지만, 40살부터 60살까지 하고 싶은 일을 계획하고 설레는 시간을 선물 받은 것과 같았다.

이럴 때는 꼭 부처님, 하나님을 포함한 세상의 모든 신이 존재하는 것 같은 느낌을 받는다. 그리고 자신이 하는 말에 큰 무게가 실린다는 것을 또 한 번 느꼈다.

'인생 모르잖아요.
60대에 정말 하고 싶은 일이 생길지,
그때를 위해서 내 시간을 헛되게 보내지 말자구요.'

내가 책에 쓴 이 말처럼,
난 60대에 내가 하고 싶은 일을 위해 하루를 알차게, 행복하게 쓸 것이다. '아, 물론 20년간 재테크도 튼튼하게 해야겠지.' 내가 하고 싶은 일의 밑바닥엔 안정적인 노후, 노후 자금은 필수니까, 20년 동안 더 많은 파이프라인을 구축하기 위해 노력할 것이다. 난 나를 잘 아니까, 하고 싶은 건 무조건 하는 날 아니까.

그리고 내가 만약, 20대의 나라면
20대에 책방 운영이라는 꿈을 가졌다면
'잘 운영했을까?'라는 의심도 들었다.
'운영하다가 말아먹지는 않았을까? 접고 회사에 취직했을지도 몰라.'

다시 한번, 지금 나이에 하고 싶은 일이 생겼다는 것이 보석처럼 느껴졌다.

인생에는 정해진 답은 없다. 누군가는 평생 하고 싶은 일을 찾아 헤맬지도 모르고, 나처럼 60대에 하고 싶은 일을 찾을지도 모르고, 또 누군가는 20대에 명확하게 하고 싶은 일을 찾아 빠른 시기에 그 꿈을 이루었을지도 모른다.

확실한 것은 나의 시간을 잘 보내기 위한 내 생각들이, 나의 생각을 적은 글이 나에게 힘을 주고, 내가 방황하고 고민하는 그 시간에도 나를 지탱하고 이끌어 주었다는 것이다.

하고 싶은 것이 없어도 행복한 나의 이야기. 나의 시간을 잘 보내기 위한 나에게 썼던 그 글들.

유명한 철학자의 말보다, 오래된 속담보다 나를 단단하게 만들어 주었던 말. 글은 말보다 100배는 더 큰 위력을 가지고 있는 것이 분명하다. 내가 이 글을 적기 위해 새벽 2시 넘게 시간을 할애하고 있는 것처럼 아주 유의미하고 나의 내면을 조금 더 채워 줄 그런 나만의 원동력.

인생이 조금 단순해진 것 같은 느낌도 든다.

조금은 밝아지고 선명해진 나의 내일에, 내일을 더해 나의 40대, 50대를 살아 볼 것이다.
그렇게 나는 오늘 하루를, 내일을 살아갈 것이다.

*

내 딸 서영아,

말의 힘과 글을 힘을 믿어 보렴.

늘 책을 가까이하며 살길 바란다.

엄마가 너와 함께하지 못하는 시간이 온다고 해도

책은 너에게 기회와 길을 줄 것이다.

독서를 한 자와 안 한 자는 나이가 들수록

자신의 삶을 대하는 태도에 많은 차이가 생긴다.

엄마는 네가 그 힘을 꼭 알기를 바란다.

매일, 매시간 널 사랑하는 엄마가.

마음의 온도

22도에서 23도
집 내부의 온도를 1도 올리기 위해
요란한 소리를 내는 보일러처럼
우리도, 우리 마음의 온도를 1도 올리기 위해
부단히 웃고 움직이고 대화해야 한다.
그래야 함께 따뜻해지니까.

*
"추우면 감기에 걸린다.
춥게 있으면 아프다. 아프면 안 돼.
집에서나 회사에서나 보일러는 따뜻하게!"
엄마의 절친 "M"이 한 말이 기억나.

멈추면 보이는 것들

내 딸 서영아, 오늘도 안녕?
엄마는 회사에 와서 9시부터 10시까지 업무들을 전반적으로 확인하고 중요한 업무를 파트너사에 연락하고 정리하는데 오늘은 왜 이렇게 처지는 날인지 모르겠다. 가끔 이런 날이 있긴 해.

그래서 오후 반차를 쓰고 쉬기로 했어.
이럴 때 잠시 쉬고 몸도 정신도 리프레시하는 것이 좋아.

마침 절친인 별명이 '감자'라는 친구에게 연락이 와서 같이 오후를 보내기로 했어.

점심으로 야채가 가득한 비빔만두에 예전 고등학교 때 학교 앞에서 팔았던 국물떡볶이 같은 맛의 달달한 떡볶이를 느슨하게 먹고 평소 가 보고 싶었던 책방에 가서 책을 사고 카페에 가서 커피도 2시간 넘게 마셔 보고 여유로운 시간을 보냈어.

'아, 좋다.'라는 말이 저절로 나오더라.

워킹 맘은 반차, 연차를 써야 온전히 쉴 수 있다는 것을 또 한 번 느꼈어.

가끔 쉬어야 눈에 들어오는 것들이 있다.

별일이 없다면 이렇게 기분이 흐린 날, 다 내려놓고 하루쯤은 쉬어 보길 바라.

고작, 반차에 행복해졌다.

회사를 나오는 순간 두통도 없어졌어.

시간의 바깥에도 봄은 온다

유연한 계절, 고요한 밤
내 손이 닿지 않는 시간에
너 홀로 머문다면

남겨진 밤에 마음껏 슬퍼하고 울부짖고
육신이 함께할 수 없는
그 시간을 한동안 아파하고

그러다 시간이 흘러

어제와 오늘
잠비와 가을비 사이
시간의 바깥과 안의 경계에 선다면

이제는 그만 슬퍼하고
우리의 영혼은 영원토록 이어져 있음을
기억하고, 호흡하며 내뱉길 바란다.

우리가 함께했던 시간
널 위하는 마음
나의 고귀한 정신은
언제나 네 곁에 남아 너와 함께일 것이니.

여전히 잠결에 네 머리카락을 쓰다듬고
꿈결에 같이 뛰어놀고
다리를 매만지고

피어나는 꽃들과 새순을 틔우는 저 초록처럼
시간의 안이라는 공간에 봄이 올 때
너의 시간 속에 나도 존재함을 잊지 말길 바란다.

시간의 바깥에도 봄은 온다.

마음의 영원한 안식과 평화 속에
시간의 바깥, 그곳을 거닐어 한가로이
유영할 것이니 너무 걱정하지 않기를.

*

내 딸 서영아,

시간의 바깥과 안은 맞닿아 있다.

살다가 힘들고 기쁜 날,

수많은 너의 보통의 날들에

항상 내가 함께 있다는 것을

잊지 말았으면 해.

매화인 줄 알았는데 벚꽃이었지

내 딸 서영아, 오늘도 안녕?
너의 계절은 어디쯤이니?
엄마는 2024년의 3월 중순, 그쯤에 서 있다.

이른 봄이라 기분이 붕 떠서 옷을 얇게 입고 밤엔 글을 적는다고 며칠 새벽에 잤더니
목감기 손님이 찾아왔다.

엄마는 회사에서 점심을 먹고 주로 산책을 하는데 산책길에 인도 양옆으로 키가 큰 벚꽃나무가 많거든.

꽃나무마다 꽃망울이 가득했는데, 한 나무에 소담스럽게 꽃이 폈더라. 지금 피는 꽃은 매화가 대부분이라 당연하게 매화인 줄 알았는데 가까이 가서 보니 꽃자루가 길고

꽃잎이 찢어진 모양이 벚꽃이었어.
유독 햇볕에 잘 드는 자리라 먼저 핀 벚꽃이었다.

올해 첫 벚꽃을 보고 너무 반가워서 사진을 찍어 댔다.
그 나무를 본 사람들도 남녀노소 가리지 않고 사진을 찍었는데, 벌써 마주한 봄에 놀라는 듯 기분 좋아 보였어.

봄이 온다.
시간은 여전히 정확하게 흐르고 있고
우리는 또 봄을 마주한다.
우리가 마주하는 열 번째 봄.
앞으로 무수히 많이 마주하게 될 봄.

내 손에 쥐어진 감기약에도 봄이 왔나 보다. 흰색, 연분홍색으로 구성된 알약을 삼키며 이른 벚꽃을 생각하며 올해 마주한 봄, 이 봄에 피어난 벚꽃을 즐기기로 했다.

벚꽃은 3월 넷째 주에서 다섯째 주에 예쁘게 피더라.
매년 벚꽃이 피고 지는 순간을 챙겨 보길 바라며.
계절의 변화를 느끼는 사람은 건강한 사람이니까.

그 봄, 우리의 성수동은

내 딸 서영아, 오늘도 안녕?
너의 계절은 어디쯤이니?

엄마와 넌 지금, 2024년 3월 말, 벚꽃이 피는 계절에 서 있다. 저번 주 주말에는 우리가 서울 여행을 다녀왔지.

엄마와 엄마 친구, 너.
이렇게 3명이 함께하는 서울 여행이었고 우린 각자의 목적을 지니고 여행을 시작했다.

엄마의 목적은 유명한 작가님의 전시회 관람, 너의 목적은 네가 좋아하는 피자집 가기, 엄마 친구의 목적은 전시회 및 콘서트 관람.

3명 다 각자의 목적을 가지고 아침 기찻길에 올랐다.
너와 난 무거운 백팩을 등에 메고 1박 2일을 돌아다녔는데, 여행을 다녀온 뒷날부터 어깨, 팔, 다리의 고관절들이 막 쑤시더라고 그런데 너도 똑같이 아프다고 해서 속으로 많이 웃었던 게 생각이 났다.

항상 차를 타거나 비행기를 타고 짐 없이 편한 여행을 했던 너인데, 그래서인지 몰라도 난 가끔 '일 년에 한 번쯤은 힘들게 여행도 해 봐야 된다'라는 생각이 들어.
힘들게 여행하고 땀 흘리면 기억에 더 많이 남거든.

3월 말 갑자기 찾아온 여름 같은 날씨에, 바지를 새로 사서 입혀 너와 난 서울의 성수동을 많이 걸었다.

성수동의 수많은 핫플과 대기 시간과 기다리는 사람들을 지나치며 땀 흘렸던 여행을 꼭 기억하길 바라.

*

앞으로 함께할 우리의 여행이 기대되는 이유.

우리가 함께 보낼 시간들이 소중한 이유.

반짝이는 불빛,
시린 겨울에 챙겨 봐야 할 것들

외출할 때는 마스크 꼭 착용하기

무조건 따뜻하게 입기

따뜻한 물, 음료 마시기

크리스마스는 11월부터 즐기기

새해 다이어리 챙기기

올해 버킷 달성했는지 체크하기

에필로그 - 3월 32일에 쓴 편지

"엄마 안녕? 난 미래의 서영이야.
난 지금 많이 컸어.
이젠 숙제도 혼자서 잘해.
엄마, 아빠도 60살이 되면 옛날이 그리울 거야.
그러니까 지금 이 시간을 힘들고 슬프게 보내지 말고 앞으로도 건강해야 돼. 알았지? 그리고 이 부탁 들어줬으면 해. 내일 일요일에 스타벅스에 가서 고민 상담 하는 거 어때? 너무 책만 읽으면 그렇잖아? 그치? 내일은 고민 상담하며 보냈으면 좋겠다. 난 지금 3학년이야. 그러니까 한 번뿐인 이 시간 힘들게 보내지 말고 재미있고 신나게 보내자. 그럼 안녕."

2024년 3월 32일 서영이가.

*

2023년 7월 9일에 너에게 써서 주었던 편지 종이에
넌 2024년 3월 30일인 오늘 답장을 적어 나에게 주었다.

미래의 서영이가 보내는 편지라며
3월 32일이라는 날짜를 적어서 손에 건네준다.
가지고 다니면 힘이 될 것 같아서
편지를 접어 지갑에 넣어 두었다.

그리고 네 말처럼 내일 독서 모임에서는
책은 한 권만 읽고 고민 상담을 하도록 하자.

달달한 녹차 푸딩과 커피 한 잔을 떠올리며
너의 고민이 무엇인지 궁금해지는 밤. 엄마가.

*

하루에도 많은 생각들이 스쳐 지나간다.
고민의 무게는 나이가 많고 적음에 따라
가늠하면 안 된다는 것도 알게 된 하루.

*

오늘은 벚꽃이 만개해서 길거리에서
사진 찍는 사람들이 많았다.
우리는 미세 먼지가 많은 날이라서
수영장에서 시간을 보내고
집으로 돌아오는 길에
차 안에서 꽃구경을 했다.
차 안 벚꽃 감상도 꽤 좋다는 것을 알게 된 하루.

*

사실, 이 책에 적고 싶은 말이 너무 많았다.

하고 싶은 말이 너무 많지만 다 담지 못했다.

내가 무엇을 쓰려고 하는가?

라는 것과는 전혀 다른 고민이었다.

적는 것이 조금은 힘들었던 나의 시간이었다.

난 그렇게 3개월의 시간을 보냈었다.

*

시간의 안과 바깥이라는 공간에서 너무 방황하지 말고

우리 각자의 삶을 살아 보는 건 어떨까?

심장이 꼭 뛰어야 살아 있다고 말할 수 있을까?

시간의 안과 바깥의 벽에 기대어

많은 눈물과 슬픔을 쌓아 두지 말기를 바란다.

시간의 안에서도 밖에서도

우리의 시간은 멈추지 않을 테니까.